现代运动训练内容与方法研究

罗艳春　王建伟　唐　琨◆著

吉林出版集团股份有限公司

全国百佳图书出版单位

图书在版编目（CIP）数据

现代运动训练内容与方法研究/罗艳春，王建伟，唐琨著 . — 长春：吉林出版集团股份有限公司，2023.7

ISBN 978 - 7 - 5731 - 3971 - 9

Ⅰ. ①现… Ⅱ. ①罗… ②王… ③唐… Ⅲ. ①运动训练 Ⅳ. ①G808.1

中国国家版本馆 CIP 数据核字（2023）第 141172 号

现代运动训练内容与方法研究

XIANDAI YUNDONG XUNLIAN NEIRONG YU FANGFA YANJIU

著　者	罗艳春　王建伟　唐　琨
出 版 人	吴　强
责任编辑	赫金玲
装帧设计	李艳艳
开　本	787mm×1092mm　1/16
印　张	8.25
字　数	211 千字
版　次	2023 年 7 月第 1 版
印　次	2023 年 9 月第 1 次印刷
出　版	吉林出版集团股份有限公司
发　行	吉林音像出版社有限责任公司
	（吉林省长春市南关区福祉大路 5788 号）
电　话	0431 - 81629679
印　刷	吉林省信诚印刷有限公司

ISBN 978 - 7 - 5731 - 3971 - 9　定　价　58.00 元

如发现印装质量问题，影响阅读，请与出版社联系调换。

前　言

　　运动训练是竞技体育活动的重要组成部分，随着体育事业的迅速发展以及运动训练实践的不断深入，人们对运动训练的内涵与外延有了更加深刻的认识，并不断从运动训练实践中总结出新的经验，不断提出新的问题和要求。当前高水平的竞技体育是从科学、系统的运动训练中逐渐得来的，一些新的理论和方法不断应用于体育运动训练实践，各个运动项目训练实践的发展逐渐孕育了不同专项的训练理论，从而促进了体育运动训练水平的提高。可以说，没有良好的运动训练理论支持和科学、高效率、大强度的训练实践，运动员就无法取得理想的竞技成绩。运动训练从理论内容到实践方法都发生了极为深刻的变革，这种变革开辟了创造新的运动成绩的新途径，使运动训练踏上了前所未有的新台阶。因此，提高对运动训练的重视程度，对运动训练的内容进行分析，对运动训练的方法进行创新，有利于促进竞技体育的长足发展。

　　我国现阶段竞技运动的发展水平相对较高，并且在国际大赛中取得了良好的成绩。但是，还有一些运动项目成绩并不理想，要提升这些运动项目的水平，就需要不断探索、总结和发展运动训练的内容与方法，提升运动训练的科学性。本书旨在科学地指导体育运动员和体育爱好者进行运动训练，在训练实践过程中提升其运动技能，构建成熟有效的训练实践体系，进而促进运动训练朝着多元化的方向发展。

　　本书采用理论与实践相结合的方法，将现代运动训练的基本理论作为切入点进行详细的分析讲解，系统地整合了运动训练的知识体系与发展进程，并对现代运动训练的现状及对策展开分析，以为我国现代运动训练的可持续发展提供一定的理论依据。在此基础上，对现代运动体能训练、运动技战术训练等进行深入探讨，并进一步探究现代运动训练的方法及方法的项间移植；结合运动训练的理论与实践，深层次地探究田径运动训练、时尚健身运动训练等的各项训练方法，希望能够为运动训练的研究和竞技体育的发展提供新的思路。

　　本书的撰写吸收、借鉴了国内外许多专家、学者的最新研究成果和出版文献，在此一并表示感谢。另外，由于撰写人员水平有限，不妥之处在所难免，敬请读者批评指正。

作　者

2023 年 2 月

目　录

第一章 运动训练的基本理论

第一节 运动训练的概念与特征

一、运动训练的概念

运动训练是指以教练员和运动员为主体，在各方面人员的积极参与下，为全面提高运动员的竞技能力，创造优异运动成绩，争取比赛胜利而专门组织的一种准备性的体育教育过程。从一般意义上来说，"训练"的原意为教导、练习，指为提高某种身体机能、掌握某种技能而进行的反复练习的过程。而在运动训练中，"训练"则指为提高竞技运动能力和运动成绩而专门进行的一种体育实践活动。运动训练是对人的运动能力进行改造和提高的过程。

运动训练具有丰富的内涵，具体表现在以下几个方面：

第一，运动训练是一个教育过程。教育过程本质上是一个培养人，并为人将来进入社会参与各种社会实践活动做准备的过程。运动训练也是一个培养人的教育过程，而且是专门组织的教育过程。虽然运动训练也要培养人和提高人，但运动训练又有其自身的特殊性。运动训练更加注重运动者运动能力的培养与提高。这种特殊性决定了运动训练的目的任务、组织形式、基本内容、构成要素、手段及方法等都有其自身的特点。在运动训练的过程中必须依据运动训练本身固有的特点和科学的训练原则对运动员进行合理训练，力求培养更多优秀的运动人才。

第二，运动训练需要教练员和运动员的积极参与和配合。尽管运动训练是一种社会组织行为，但从人的因素看，教练员和运动员是最直接的组织实施和参与者，失去其中任意一方运动训练过程都无法存在。运动员是运动训练的主体，教练员则是这一过程的直接组织者、实施者和指导者。运动训练的效果是通过运动比赛体现出来的，所以在运动训练过程中，既要最大限度地发挥运动员的积极主动性，也需要教练员科学合理的指导。只有教练员与运动员相互协作、相互配合，才能最大限度地提高运动训练的效果，促进运动员运动成绩的提高。

第三，提高运动员的竞技能力和运动成绩是运动训练的目的所在。运动训练是一种有目的、有意识的活动。运动训练是以不断提高运动技术水平、创造和保持优异运动成绩、争取比赛胜利为主要目的的。运动训练中必须采用各种科学合理的手段和方法，充分挖掘、培养、发挥人体机能潜力，帮助运动员创造并保持优异运动成绩。

运动训练对于竞技体育和竞技运动有着非常重要的作用和意义，它们之间有着非常紧密的联系，这种联系不仅是一种从属性、层次性关系，还表现为以下几方面的内在联系：

第一，运动训练的安排和要求在很大程度上都是以各个竞技运动项目的特点和竞赛规则的要求为依据的。

第二，运动训练的成果只在运动竞赛中才能最有效地表现出来，而运动竞赛的特定条件和气氛又为创造高水平运动成绩提供了平时训练中难以具备的良好的应激刺激条件。

第三，只有在正式比赛中获得的运动成绩才能得到社会的承认。

第四，竞技体育的发展使运动训练项目和内容更加多样化，使运动训练的方法和手段更加丰富。

二、运动训练的特征

运动训练有着较为显著的特征，这些特征能够在一定程度上体现出其本质，具体来说，主要有以下几个方面。

（一）训练内容的复杂性和训练方法、手段的多样性

受运动训练功能和任务的多样性和训练过程的复杂性影响，运动训练的内容也表现出相应的特征，与此相适应的训练方法和手段也随之增多。所以，运动训练中对训练内容、方法和手段的选择就显得尤为重要。运动训练的手段和方法相对较多，每种手段和方法对人体都有其特殊的作用。在运动训练中，不同阶段、不同时期要解决的具体任务是不同的。这种具体任务的多样性决定了训练手段、内容的多样性。"身体练习"是运动训练的基本手段，要提高运动能力就必须进行各种身体练习。运动训练中既要依据不同任务选择最有效的手段和方法以提高训练的效果，又要采用多种训练手段和方法来达到同一目的，提高运动员的训练兴趣和积极主动性，从而让运动员主动、自觉、积极地进行训练。

（二）训练目标的专一性和训练任务的多向性

每名运动员都从事着特定的专项训练，其训练目标就是在特定的专项上夺取比赛的胜利和创造不凡的运动成绩，所以运动训练表现出训练目标的专一性。另外，随着现代竞技运动的发展，各运动项目的竞争越来越激烈，对运动员各种能力的要求也越来越高。一名运动员不可能同时在不同性质的项目上都达到世界领先水平，即使最有天赋的运动员也只能是某一项目或相近项目的世界冠军。因为每一个运动项目对人体运动能力都有其特殊的要求，正因为如此，运动员必须在全面训练的基础上，根据不同的训练阶段及运动专项的特殊要求，采用各种手段发展专项需要的运动能力，高水平运动员的训练尤其如此，所以运动训练的任务表现出多向性的特点。

（三）训练安排的科学性与计划性

现代体育竞赛日趋激烈，胜负之间差距非常小。运动员要想获得胜利，就必须通过各种科学的训练理论、方法和手段尽可能地去获得哪怕微小的优势，否则就达不到取胜这一最终目的。现代训练是一个高度科学化的实践活动过程，运动竞赛正逐渐演变成各个国家科技水平的竞赛。现代训练的科学化水平越来越高，其科学性主要体现在运动训练的计划中。教练员、运动员实施训练应当以训练计划为依据，没有计划的训练，不过是一种盲目散漫的训练；但是有计划而安排不科学，也难以达到最理想的训练成效。因此，运动训练安排的计划性和科学性是取得理想训练效果的重要保障。

（四）参与训练的个体性与训练安排的针对性

无论是个人项目还是集体项目，运动员基本上都是以个体为单位参加的，并在个体参与

的基础上，形成群体间的协调配合。所以，运动员参与训练的个体性和训练安排的针对性就显得尤为重要。

在运动训练中，运动水平的提高和优异运动成绩的取得是由多种因素共同决定的。这些因素既包括运动员个体的身体形态、机能、运动素质以及技战术掌握的程度、心理发展的水平，也包括组织管理因素、比赛因素、卫生保健因素等。不同运动员的运动水平与运动成绩会受到不同因素的影响，也就是说以上因素对不同运动员的影响是有差异的。运动训练中要充分发挥每一名运动员的优势、弥补其不足，就必须从每一名运动员的实际状况出发，采用各种科学有效的手段和方法，有针对性地安排训练内容和形式，这样才能使训练刺激更有效地作用于运动员，从而使运动员的各种能力在原有的基础上得到大幅度的提高。运动训练过程中应十分重视对运动员的区别对待，这种区别对待反映在训练目标的确立、内容手段的选择、训练方法的应用以及负荷大小的安排等方面。只有针对性强的训练刺激才能最大限度地挖掘运动员的潜力，提高运动员的训练水平。当然，训练安排的针对性并不否认群体训练中，在特定的训练过程和时间，统一安排练习形式、内容、方法及训练计划的有效性。

（五）运动训练过程的长期性和训练安排的系统性

从本质上讲，运动能力提高的过程是运动员有机体对训练刺激产生适应并由量变到质变的过程。只有经过长时间量的积累，才会有质的变化和提高。只有经过多年的系统性训练才能培养出优秀运动员，并创造优异运动成绩。虽然各运动项目达到优异运动成绩所需的训练时间不同，但大多数项目都需要经过多年的系统训练。在训练中，必须对影响训练的多种因素进行长期系统的科学控制，并通过阶段目标的实现来推进整体目标的实现。

（六）训练负荷的极限性和负荷安排的应激性

目前，运动训练要求运动员从事艰苦训练，这就对运动员承受艰苦训练的能力提出了较高的要求。运动训练要求最大限度地发挥人体机能的潜力，人体运动能力的提高也意味着人体适应能力的提高。要提高人体适应能力就必须通过各种运动应激刺激（主要是运动负荷）最大限度地作用于运动员的有机体，如果没有最大限度的运动应激刺激，就不能把运动负荷推到最高应激水平，也不可能最大限度地提高人体对运动训练和比赛的适应能力，更不可能使运动员将运动水平发挥到最好。运动员只有承受高水平的负荷才能取得高水平的运动成绩，这在现代竞技运动训练中已经得到了普遍的认可。专项运动成绩能够反映出运动员对专项负荷强度的承受能力，承受负荷强度的能力越高，运动成绩就越好，反之就越差。简言之，如果运动员在运动训练中不能承担大负荷乃至极限负荷的训练，就不可能成为一名优秀的运动员。运动训练中要依据人体机能适应规律，循序渐进地加大运动负荷，直至达到运动员的负荷极限。

（七）训练效果的表现性与表现方式的差异性

运动训练的效果主要是指运动成绩提升与否。训练的效果以及通过训练提高的运动技术水平和成绩的表现形式主要是运动员在比赛中获得的成绩。一般来说，在正式比赛中表现出来的运动效果才会得到社会的认可。只有在最重大比赛中创造出的优异运动成绩才最有意义，才能将竞技运动的社会价值充分发挥出来。运动训练既要着眼于运动员竞技能力的培养与提高，又要加强培养运动员的比赛能力，以争取把运动员平时通过训练已经具有的运动能力在重大的比赛中表现出来。换句话说，就是在运动训练的过程中既要着眼于竞技能力的提高，又要根据长期、近期参加比赛的安排进行科学的训练。

运动效果总是通过一定的方式表现出来的，由于各种运动项目的运动方式和比赛方式不同，其运动成绩的表现方式也各不相同，有用功率指标表现的，有用比分表现的，也有用评分方式表现的。这些表现形式都有十分严格的规则和制约条件。

第二节　运动训练的构成要素与原则

一、运动训练的构成要素分析

运动训练主要由训练时间、训练形式、训练强度和训练负荷构成。本节将对运动训练的这些构成要素进行简要分析。

（一）训练时间

运动训练的具体内容和形式是安排训练时间的依据。通常情况下，一次运动训练应至少保证 20 分钟的练习，这样才有助于改善和提高运动员的心肺功能。以肌肉耐力与力量训练为例，训练时间与训练中的重复次数成正比。对于一般训练者来说，在阻力充足的条件下，全力以赴地练习 8～12 次的重复量，可以在发展肌肉耐力的同时，使肌肉力量也得到一定程度的训练。当训练者有了进步后，每种抗阻力的训练应重复 2～3 组，进而促使训练者获得更大的力量。再以柔韧素质训练为例，在准备活动中，如在跑步之前，每个伸展动作应保持 10～15 秒，以及在整理活动中做伸展练习，伸展动作应保持 10～15 秒。为了提高柔韧性，训练者最好在整理活动中做伸展练习，每个伸展动作保持 30～60 秒。

（二）训练形式

运动训练的训练形式即我们平常所说的练习形式。在运动训练实践中，训练者在选择练习形式时，应遵循科学训练的专门性原则。例如，训练者为了增强心肺功能，应做提高心肺功能的练习。

（三）训练强度

合理安排训练强度是运动训练中需要重点考虑的问题。通常情况下，训练强度会根据运动训练形式的变化而发生改变。例如，在以提高心肺功能为目的的训练中，训练者必须全力以赴，使训练心率提高到心率储备的 60%～90%。体能较差的训练者则应该以心率储备的 60% 的较低训练心率为训练的起点。

运动训练的训练内容不同，其训练强度的具体指向也有所不同。例如，在肌肉力量与耐力训练中，强度指的是在某一特定练习中克服大量阻力的百分比。在确定力量训练的强度时，依据最大重复量（RM）是更为简便的方法，10RM 就是能正确举起 10 次的最大重量，8～12RM 是能正确举起 8～12 次的最大重量。对于一般训练者而言，8～12RM 是提高肌肉力量与耐力最适宜的训练强度。如果训练者只是想单方面增强肌肉力量，则应选择在肌肉力竭前能重复举 3～7 次的最大重量，即力量训练应选择 3～7RM 的强度；如果训练者只是想单方面增强肌肉耐力，则应选择 12＋RM。当采用 12＋RM 作为训练强度时，每组重复次数增多，随着训练时间的增加，肌肉耐力的提高效果也会越来越明显。

（四）训练负荷

运动负荷是以身体练习为基本手段对训练者有机体施加的训练刺激，是训练者在承受一定的外部刺激时在生理和心理方面所表现出来的应答反应程度。

负荷量和负荷强度是运动训练中训练负荷的两个组成要素。负荷量是指负荷作用的持续时间和单个训练练习或系列练习时间内完成的工作总数（这里的"工作"既包括物理力学的也包括生理学的）；负荷强度是指每个练习时刻的用力值、功能紧张度和作用力度或者训练工作量在某一时间里的集中程度，简而言之，就是单位时间内的负荷量。

一般情况下，训练负荷是训练者运动训练的训练效果的决定性因素。因此，训练者可以通过对训练负荷诸因素的控制，构建不同特征的训练方法，进而利用不同特征的训练方法有针对性地提高体能素质水平。

二、运动训练的基本原则

原则是人们说话或行事所依据的法则或标准，原则是人们根据自己对客观事物运动内在规律的认识制定的，科学的原则就是人们对客观规律正确认识的反映。运动训练的原则是运动员参加运动训练时需要遵循的基本准则。这些原则是在长期的运动训练实践中积累起来的具有普遍意义的概念总结和有关科学研究的成果，反映了运动训练的客观规律。运动训练中运动员如果不遵循这些基本原则，盲目地进行训练，不仅不能促进身心全面发展、获得良好的训练效果，反而易引发运动损伤或者运动性疾病，损害健康。下面对运动训练的基本原则进行具体介绍。

（一）竞技需要原则

竞技需要原则指根据提高运动员竞技能力及运动成绩的需要，从实战出发，科学安排训练的阶段划分及训练的内容、方法、手段和负荷等的训练原则。贯彻这一原则可使训练更好地结合专项的特点和专项竞技比赛的需要，提高运动训练的专项针对性、实战性和实效性，以争取满意的竞技比赛成绩。

（二）动机激励原则

动机激励原则是通过多种方法和途径，以更好地促使运动员在以个体为主的训练过程中更好地激励自己良好的训练行为和动机，更自觉、更主动地完成训练任务为目的的训练原则。具体来说，是指在进行运动训练中，通过各种方法和途径激励运动员主动从事艰苦训练的动机和行为。动机激励原则是努力启发运动员的积极性、主动性，培养他们的独立思考能力、创造能力和自我调控能力的运动训练原则。

（三）适宜负荷原则

在训练过程中，要根据训练任务、对象水平与要求，科学合理地在各个训练环节中提高运动训练负荷量，直至达到最大负荷要求，这就是所谓的适宜负荷原则。因此，要以训练任务和对象水平及每个练习的目的、要求、负荷为主要依据来对运动训练负荷进行科学合理安排。在训练过程中，运动训练负荷要经过加大—适应—再加大—再适应这样一个逐步提高的过程。

（四）周期安排原则

周期安排原则是指周期性地组织运动训练过程的训练原则，即依运动员机体的生物节奏变化规律、竞技状态形成与发展的周期性规律，以及运动竞赛安排的周期性特点，按一定的动态节奏，逐步提高负荷量度、调整训练内容。

（五）区别对待原则

区别对待原则是指在运动训练中要根据运动员各方面条件及不同训练条件和不同训练任务等，有区别地确定训练任务，对训练方法、内容、手段和负荷有相应的安排。运动员在身体条件、心理品质和个性特征等方面都表现出明显的差异，因此，在训练中要始终遵循和贯彻区别对待的原则。贯彻区别对待原则，有利于挖掘运动员的潜力，防止训练中个别人脱离整体的现象。只有进行正确的区别对待，有的放矢地进行训练，才能取得良好的训练效果。

第三节　运动训练的目的与任务

一、运动训练的目的

运动训练不是凭空产生的，它总是有追求的目标，否则便失去了存在的价值和意义。虽然训练的项目、训练的起点、训练的水平、运动竞赛的层次和竞争的强度不同会造成训练目标的多样性和差异性，但每个项目的运动训练均有其自身的主要目的。运动训练的目的主要是通过长期系统的科学训练，来提高运动员的竞技能力和竞技运动技能水平，使运动员能够创造优异成绩，为国家、团体和个人争取荣誉，满足社会发展及个人成长的需要。

运动训练的目的可以具体概括为以下五点：

（1）通过刻苦、科学的训练，不断提高运动员的运动成绩。

（2）不断提升运动员的竞技能力（体能水平、技战术水平、协调能力、运动智能以及心理能力等）。

（3）通过运动训练活动，加强运动员思想道德教育。

（4）通过运动训练活动，使运动员逐渐形成与人为善、团结协作、顽强拼搏的优良作风。

（5）通过运动训练活动，使运动员逐渐学会分析、评价运动训练的方法，提高教练员的指导水平，提高运动员规划和管理自我训练的能力。

二、运动训练的任务

概括来说，运动训练的任务主要包括以下几方面：

第一，提高运动员专项运动技战术、技能水平，使之达到高度熟练和运用自如的程度。另外，还要提高运动员的比赛能力和对外界各种环境的适应能力以及应变能力。

第二，依照专项需要改善运动员身体形态，提高其各器官系统机能，发展运动员基本运动素质与专项运动素质。另外，还要增进运动员的健康水平，预防和及时治疗运动伤病。

第三，培养运动员优秀的心理素质和坚韧不拔、吃苦耐劳的精神，以及勇敢顽强的意志品质。另外，还要调节运动员的心理状态。

第四，要对运动员进行政治思想教育，培养运动员的爱国情感、努力进取的精神以及良好的道德品质和行为规范，要促使运动员养成文明礼貌的行为习惯和优良的运动道德作风。

第五，使运动员掌握运动医务监督、运动营养等理论知识，对运动员自我训练和自我保健的能力进行培养。

三、实现运动训练目的和完成运动训练任务的注意事项

第一，必须在运动训练的不同阶段有所侧重。运动训练的目的和任务是针对整个运动训练过程而言的，但由于运动训练是一个长期的过程，所以运动训练应根据不同的训练阶段、不同训练项目的个别差异，以及训练者的实际情况有所侧重。

第二，必须在运动训练全过程中全面贯彻执行运动训练中的各项任务。运动训练的各个方面的任务都是互相联系、互相制约、相互影响的，运动训练任务的全面完成有利于整个运动训练目的和任务的实现。

第三，必须妥善处理好各项任务之间的关系。运动训练的任务虽有所侧重，但它们之间是互相联系的，各个训练任务共同组成了完整的训练过程。训练中要正确处理好身体训练、技战术训练、心理智力训练和政治思想教育等之间的关系，也要处理好训练因素、教学因素、教育因素、比赛因素、信息因素、组织管理因素、卫生保健因素等各个训练因素之间的关系，还要处理好运动员各项运动素质之间的关系。只有科学妥善地处理好各任务之间以及各任务训练要素之间的关系，才能更好地达到运动训练的目的、完成训练任务。

第四，必须建立科学有效的运动训练管理体制。科学有效的运动训练体制是实现运动训练目的和任务的组织保证。运动训练体制包括组织管理体系、训练组织形式以及有关的法规制度等。世界各国为了实现各运动训练的目的和任务，都根据本国国情建立了具有国家特色的训练体制。我国在长期的运动训练实践中建立起来的运动训练体制，在实现我国运动训练目的和任务的过程中发挥了积极作用。但是，该体制作为特定时期的产物，已很难适应当前时代的需要。因此，我们应从我国的实际国情出发，吸收国外运动训练的先进经验，建立一套有特色、有成效的运动训练体制。科学管理是实现运动训练的目的和任务的重要环节，要更好地实现运动训练的目的和任务，既要根据国际竞技运动发展的趋势和我国的国情制定好竞技运动发展的战略，又要建立各种规章制度，引入和运用竞争机制，通过加强对人、财、物的科学管理，调动各方面的积极因素，只有这样才能提高运动训练的整体效果，才能保证运动训练目的和任务的实现。

第二章 现代运动训练的发展研究

第一节 现代运动训练的发展现状与对策

一、现代运动训练的发展现状

近年来，我国运动训练得到了一定的发展，并且取得了一定的成果，但在其发展当中也存在着诸多问题，这些问题严重制约了我国运动训练的进一步发展。下面就当前我国现代运动训练理论研究状况和运动训练存在的问题进行阐述。

（一）现代运动训练理论的研究状况

1. 运动训练理论学科建设研究日趋成熟化

如今，运动训练理论体系被分成了三层：一般训练理论、项群训练理论以及专项训练理论，每个层次都得到了不同程度的发展。人们已经将运动训练看作一门独立的学科，这门学科严谨、内容丰富。随着人们对运动训练的认识不断加深，现代运动训练理论体系将更加完善、丰富。

2. 对竞技制胜规律的把握更加系统

我国的竞技体育已经逐渐走向世界，为在国际体坛上站稳脚跟，我国已经开始系统地研究竞技制胜规律，研究运动员如何能够在竞赛中获得优异的成绩。这些研究既有理论方面的，也有实践方面的。人们不断地深入了解各项运动训练，找出更合适的运动训练理论，对运动项目的本质属性更加了解，并且合理运用。

3. 对竞技能力提高的专项性研究快速增多

伴随竞技体育的发展，现代运动训练也增加了对竞技能力提高的专项性研究。这些研究紧密围绕运动实践进行，不仅是对运动实践经验的概括和总结，更是对运动实践活动、运动实践经验和运动实践成果的批判性反思、规范性矫正和方向性引导。

当然，我国运动训练理论研究还存在诸多局限性，如教练员对运动训练的概念还没有清晰的认识，完善的运动训练理论与实践体系还没有建立起来。在当前的运动训练中，虽然教练员都意识到了运动训练理论的指导性作用，但仍有很多理论研究成果没有真正应用到运动实践当中。例如，当前教练员在组织和实施开展训练时，往往采用传统的程序：教练员首先对相应运动项目的技术与战术进行讲解，然后组织运动员参与训练，训练期间运动员与教练员之间的交流较少或没有成效。这种理论与实践相脱离的现状很难使运动员获得良好的训练效益。此外，我国对运动训练的研究还主要集中在体能训练，很少涉及心理训练、智力训练。可见，我国运动训练研究的整体理论与方法体系还需要进一步完善。

(二) 现代运动训练发展存在的主要问题

1. 运动训练思想缺乏以人为本的理念

从当前运动训练存在的问题来看，比较突出的问题是忽视了以人为本，忽视人本身的实际情况，没有进行科学设计和系统安排，这导致运动训练的有效性不强。例如，有的教练员在开展运动训练的过程中缺乏对学生基本情况的调查与研究，没有了解和掌握每一名学生的实际情况，在开展运动训练的过程中具有"同一性"。教练员的分类指导意识不强，在很大程度上制约了运动训练的效果。运动训练思想没有做到以人为本，还表现为个别教练员不注重人性化训练，如不注重征求学生的意见和建议，也没有很好地激发学生的参与意识等，这同样会制约运动训练的有效开展。

2. 运动训练方法缺乏科学性、系统性

人体系统的复杂性决定了运动训练方法的复杂性，决定了运动训练方法是复杂的适应系统，而且运动是发展着的，并非一成不变。同时，训练方法与运动成绩息息相关，训练方法的正确与否，往往能够在运动成绩上得到反映。目前，我国众多体育职能部门和教练员还没有深刻意识到训练方法的多变性和与运动员阶段训练的适应性问题，很少深入探究、反思训练方法，导致运动训练方法缺乏科学性、系统性的问题相对突出，即使实践结果与愿望相违背，也多是反复强调加大训练强度和延长训练时间。有的教练员在开展核心力量训练的过程中，不注重将核心力量训练与技术训练进行有效结合，如不注重对核心力量训练的时间进行科学安排，致使尽管对核心力量训练进行了安排，但仍导致学生过于疲劳。有的教练员则不注重运用生活化训练广泛开展运动训练（如缺乏对学生的有效引导），通过生活中的体育锻炼开展训练的意识和能力比较薄弱。运动训练方法缺乏系统融合，导致了运动训练的效果不佳。

3. 运动训练模式缺乏主体互动

要想使运动训练取得更好的成效，除了要发挥教练员的作用之外，也需要发挥学生的积极作用，但目前，在具体的运动训练的过程中还存在运动训练模式缺乏主体互动的问题，比较突出的就是教练员与学生互动、学生与学生互动不够到位。有的教练员不注重发挥"亲其师、信其道"的积极作用，与学生的沟通、交流、互动相对较少，在开展运动训练时更多地采用命令式训练，学生的积极性不高。运动训练模式缺乏主体互动，也表现为教练员不注重将互动式训练、探究式训练、小组合作式训练进行有效结合，致使学生的积极性、主动性未得到充分调动。

4. 运动训练载体缺乏持续创新

一些教练员在开展运动训练的过程中没有进行有效的创新，特别是在创新运动训练载体方面的能力相对比较薄弱。有的教练员不注重将信息技术应用于运动训练当中，多媒体技术的应用相对较少，运用多媒体 PPT、"微课"等新技术引导学生进行自主学习的方法还没有被纳入运动训练体系当中；应用大数据技术推动运动训练改革和创新也教得不够到位，如不注重运用数据挖掘技术研究和分析学生的训练效果等。有的教练员则不注重理论与实践的有效结合，而且在强化运动训练载体多元化方面也没有进行科学设计，如运动训练与竞技比赛的有效结合相对较少，"赛训结合"相对较少。

5．运动训练人才缺乏，培养机制还不够完善

当前，我国运动训练人才相对缺乏，培养机制还不够完善，这是我国现代运动训练存在的一个突出问题。就我国体育运动发展现状来说，运动人才的培养主要依靠高等体育院校以及综合大学的体育专业；而就运动训练方向的专门人才培养来说，健全的培训计划相对缺乏，运动训练人才培养体系不完善。大部分体育院系专业对学生的培养模式以及目标非常单一，并没有考虑到培养学生技能的多样性、能力的全面性，对于培养学生的综合素质没有给予高度重视。即使是师范类体育院系，其在培养上对学生各个方面的要求也是不均衡的，按重视程度依次是专业素质能力、基础素质能力、远瞻性素质能力、其他要求与相关鉴定资格，忽视了培养这些能力所需要的必不可少的相关鉴定资格与培养健康体魄、健全心理、奉献精神等方面的能力。

二、现代运动训练的发展对策

（一）突出以人为本的运动训练思想

思路决定出路，理念是行动的先导。要想使运动训练取得更好的成效，一定要采取科学的思路、运用科学的理念，进而才能使运动训练实现更大突破。在具体的实施过程中，要将"人性化训练"作为运动训练的指导思想，着眼于推动运动训练的特色化和针对性，大力加强对学生运动训练基本情况的调查研究与分析论证，了解和掌握每一名学生的实际情况，并采取"分类训练"的方式，使每一名学生在训练的过程中都能够得到提升。要将"分层训练"纳入高校运动训练当中，采取"动态化"的方式进行，对学生的体育基础、体育兴趣、体育项目等信息进行深入的调查研究与分析论证，不断优化和完善"动态化"分层教学法机制，并采取"分类指导"的方式培养学生的综合素质。

（二）强化运动训练方法的科学性、系统性

在开展运动训练的过程中，应当进一步强化运动训练方法的科学性和系统性，努力使运动训练取得更好的效果。这就需要教练员对运动训练方法进行科学的研究，并将各类运动训练方法进行融合，如在开展篮球训练的过程中，为了培养学生的团队合作意识和能力，除了要加强技战术训练之外，还应当积极引导学生进行沟通、交流与互动，使他们相互之间增进了解、增进友谊，培养他们团队协作的意识和能力，这对于促进学生团队合作意识的形成具有十分重要的价值。要将"生活化教育思想"融入运动训练当中，如在开展体能训练的过程中，除了要开展专业化训练之外，还要引导学生根据自身体能的薄弱环节，在生活及体育锻炼中进行针对性强化。强化运动训练方法系统融合，还要更加重视运动训练的拓展性，如通过有效的"拓展训练"提高学生的综合素质。

（三）注重运动训练中的主体互动

为了使运动训练实现更大突破，还要大力加强主体互动。既要强化教练员与学生之间的有效互动，也要强化学生与学生之间的经常性互动，进而才能使高校运动训练步入科学化轨道，使两个主体的作用得到充分发挥。在具体的实施过程中，应当将"亲其师，信其道"落实到运动训练当中，教练员应当切实加强与学生的沟通、交流与互动，增进与学生之间的感情，如将思想政治教育融入运动训练当中。对于训练意识不强、训练效果不佳的学生，教练

员应当加强其思想教育，并且尽可能以"动之以情、晓之以理"的方式进行，不断培养学生的意志。教练员要大力推动互动训练体系建设，将探究式训练、互动式训练、小组合作式训练进行有效结合，如在开展羽毛球基本步法训练的过程中，可以引导学生进行互动，让他们研究如何将"起动、回动、再起动"进行有效结合，鼓励学生在交流与互动中指出对方的不足，互助进步。

（四）推动运动训练载体持续创新

创新是进步的灵魂。开展运动训练，一定要不断创新运动训练载体，只有这样，才能使运动训练取得更加显著的成效。在具体的实施过程中，应当大力加强信息技术的运用，为更有效、更便捷地开展运动训练创造条件。大力推动"互联网＋运动训练"模式，将多媒体技术、信息技术等应用于运动训练当中。例如，在开展日常运动训练的过程中，为了能够更有效地提高学生的主观能动性，特别是为了弥补学生运动训练方面存在的欠缺和不足，教练员可以将重点和难点内容制作成多媒体课件和微课，这既可以作为日常运动训练的辅助工具，也可以让学生进行研究，让学生通过对照检查的方式找出自身存在的问题，并按照多媒体课件或微课的内容进行有针对性的强化训练。推动运动训练载体持续创新，也要将"赛训结合"作为重要的模式，如进行一段时间的训练之后，为了检验运动训练成果，可以在内部或者外部组织竞技比赛，并在全面总结、深入分析的基础上对运动训练进行优化和完善，这对于促进运动训练的可持续发展以及取得更好成效至关重要。

（五）完善运动训练人才培养计划

制订具有特色的人才培养计划，让学生更好地适应当前竞技运动的主流趋势。为了使人才培养计划更加具有特色，首先，我们可以根据学生的兴趣爱好，对课程、训练项目进行优化设计，在其中有效地融入一些充满趣味的体育游戏来代替机械的训练项目，从而激发学生的学习兴趣，让学生获取更好的训练效果，不断提升自身的实际水平。其次，必须深入了解学生的真实情况，教练员在教学工作中要定期、定向地对学生进行情况摸底，了解学生的实际学习特点和实际学习情况，能够从这些反馈信息出发及时对培养计划进行调整。最后，培养计划的制订要符合主流发展的潮流，既要迎合市场的需求，又要符合本身建设的需求，即既不单纯迎合市场，又能够对市场起到一定的调节作用。通过这样的方式，人才培养计划才能具有特色，继而获得更好的培养效果。

综上所述，在开展运动训练的过程中，应当从新形势和新要求入手，进一步发挥科学开展运动训练的积极作用，特别是要运用科学的方法和措施，大力推动运动训练科学、健康、可持续发展，进而最大限度地提升运动训练的有效性。

第二节 现代运动训练的发展趋势

现代训练学已进入一个以多学科综合化和整体化为基本特点的新阶段，科学化训练已成为现代训练的核心议题。运动训练实践活动以及由此引申的理论与知识，正发生着翻天覆地的变化，人们不再满足于最初的仅仅依照师徒相传的经验训练，而是深刻地意识到，唯有将新思想、新观念、新理论、新科技成果、新方法与手段、新器材仪器运用到训练实践中来，才有可能将运动员培养成才，使运动员的竞技水平更快提高，在当代激烈的国际竞技运动竞争中立于不败之地，这是当今世界范围内方兴未艾的运动训练科学化的总体发展趋势。概括与把握当今运动训练科学化的发展趋势，将对我们转变训练观念、训练思路，找出我国运动训练实践中存在的问题，达到育人和夺标的竞技体育目的起到重要作用。

一、树立系统训练观

从现代科学技术的发展轨迹来看，一方面，已有学科不断分化，并且呈现出越分越细的状态，新学科、新领域不断产生，呈现出高度分化的特点；另一方面，不同领域、不同学科之间相互结合、交叉与融合，向综合性、整体化方向发展，呈现出高度综合的趋势。而系统科学在这种发展趋势中所具有的理论价值和指导意义是不可小觑的。

依据系统科学，可以把现代运动训练系统的体系结构分为四个层次：第一层次是系统工程与模型化训练，这是直接改造运动员有机体的工程技术层次，是现代运动训练的新阶段——模型化训练阶段；第二层包括运筹学、控制论、信息论、系统理论等，是系统工程的直接理论，属于技术科学层次；第三层次是系统科学理论，它是现代运动训练控制的基本理论；最后一层次是系统训练观，这是系统的哲学和方法论，是现代运动训练控制基本理论通向马克思主义哲学的桥梁和媒介。

从实践论观点来看，任何社会实践，特别是复杂的社会实践，都有明确的目的性和组织性，社会实践要在理论指导下才有可能取得成功，这个理论就是现代科学技术体系和人类知识体系所提供的知识。处在这个体系最顶端的是辩证唯物主义，所以社会实践首先应受辩证唯物主义的指导。但仅有哲学层次上的指导还不够，还需要有各个科学技术部门、不同科学部门的科学理论方法和应用技术相互配合，甚至需要科学层次上的经验知识和感性知识的指导和帮助。如何把不同科学技术部门、不同层次的知识综合集成起来形成指导社会实践的理论方法和技术，以解决社会实践中的问题？这就有个方法论和方法的问题，我们可以借鉴综合集成的方法来处理这类问题。

把控制的思想与概念引入到运动训练系统中，是一个重要学术思想。系统学不仅要揭示系统规律以认识系统，还要在认识系统的基础上去控制系统，以使系统具有我们所期望的功能。

（一）最优化训练控制

最优化训练控制就是从实际出发，以所能达到的最高水平为目标，采取最符合客观实际的、最适宜的科学训练方法与手段，对训练全过程所实施的定时、定量、高效、低耗的训练控制过程。最优化训练控制原理是反映现代训练目标控制的训练控制理论，是以控制论为主要理论依据所确立的。运动训练控制的核心在于它是一个有目的、有方向、有计划的训练过程。一个完整的训练控制必须具有以下几个基本环节与条件：

（1）必须有施控主体与被控制对象。施控主体主要是教练员，也包括科技及管理人员等。被控制对象是运动员，但在运动员的自控系统中，运动员是施控系统，运动器械是被控制对象。在训练中，既要发挥教练员和科技与管理人员的外控主导作用，又要发挥运动员自我控制的内控主体作用和他们对器械的外控作用。

（2）必须有控制信息与前身信息控制通路。施控者主要是沿着前身信息控制通路将控制信息传递给运动员的。

（3）必须有反馈信息与反馈信息控制通路。通过反馈获取反馈信息，再通过反馈装置对反馈信息进行加工处理，与原模型比对分析，找出存在的问题及产生问题的原因，修订原计划、方案，最后输入控制器，并由控制者进行新的控制。

（4）必须使前身与反馈信息控制通路中传输的信息达到适宜的限度。

（二）整体化训练控制

整体化训练控制是依据训练系统的系统性和综合性特征，以及系统的功能放大原理，从训练系统的综合性调控和系统性调控两方面，对运动训练全过程实施的整体性训练控制过程。整体化训练控制包括纵、横两个方面，一方面，是反映横向联系的"综合化训练控制"，另一方面是反映纵向联系的"系统化训练控制"。综合化训练控制是指将影响训练效果的各种因素综合在一起进行较为全面的设计、规划和调控。综合化训练控制已成为现代训练的一个显著特征，表现在由多种竞技能力训练内容组成的综合训练内容系统和提高竞技能力的综合训练等。在实施综合化训练控制的过程中应注意把教练员、科研与管理人员的外控作用与运动员自身的自控紧密结合，同时，现代运动训练越来越重视对运动员自控的训练。系统化训练控制是指运动训练的全过程是一个长期、系统和连贯的训练控制过程。训练系统的整体性效益很大程度上取决于各种训练因素在长期训练过程中的连贯性和系统性。这主要体现在各训练过程和训练阶段间衔接方式的系统性，各阶段开始时间与持续时间的连贯性，各训练阶段训练控制作用优选与连贯，训练组织与管理的连贯性，训练计划安排的连贯性，等等。整体化训练一方面体现在系统化的训练安排上，另一方面体现在各训练阶段中对各局部因素的综合调控和对整体效益的把控上，只有两方面综合考虑，才能保证训练控制功能最大效益的实现。

（三）信息化训练控制

信息化训练控制是以信息观为指导、以信息为基本条件，依据信息控制的基本规律，通过建立完善的信息系统，对运动训练全过程实施的训练控制过程。现代运动训练离不开信息，运动训练控制过程实则是信息控制过程，训练信息是实施最优化控制的必要条件。现代训练的信息控制特点包括：

（1）现代训练已成为一个智力密集和智力协作的教育与社会活动过程。多学科人才的加入，使教练员与运动员中的高智力人才结构比例加大，这已成为现代训练的一个明显特点。

（2）起决定作用的是知识信息，应该把主要的资金用于创造科学化训练条件、提高教练员智力水平和科学化训练水平上。

（3）运动员运动成绩的增长主要靠的是知识与信息。现代训练从体力价值观，转向以信息价值观、智力价值观和科学价值观为主，现代运动训练与体育竞赛已成为各国科技水平的竞赛的一部分。

（4）教练员的权力与威信主要来自其自身的信息与知识水平。

（5）对未来的研究与设计越来越重视以信息研究为基础。

（6）小型化、多样化与分散化正成为现代训练管理的发展趋势。

（四）模型化训练控制

运动训练系统工程是指对复杂的整体训练系统实施最优化管理和调控的综合技术及科学方法，也指运用精确化、最优化等科学方法来正确分析、规划、设计与管理运动训练系统的一项综合技术。它的主要任务是探究如何把训练控制的总目标分解为一些小目标；如何根据训练系统控制的总指标来确定各训练分系统的指标体系，即建立训练控制模型；如何协调训练系统各局部间的关系；如何根据总的工作任务和进程，合理设计各局部工作环节的工作程序。训练模型是训练控制的依据，模型化训练控制在现代训练中体现在以下几方面：训练全过程的科学化与模型化；训练过程反馈调控的模型化；训练过程程序调控的模型化；个体化训练控制的模型化；适应性训练控制的模型化。

二、运动训练的针对性与个性化、专项化、实战化、程序化

运动训练过程中有许多共性规律可循，由于运动训练的对象是人，而世上没有完全相同的个体，所以个体间存在差异。现代训练中，要针对每个运动员的竞技能力结构特点，确立与其个体特点相适应的训练模式，实施个体化训练。这是因为如果再用群体模式对每个个体进行训练已无法达到最佳训练效果。现代运动训练正在向个体化训练的方向发展，针对性与个体化已成为一个必须遵循的原则。根据这一趋势，现代训练十分强调对运动员个体竞技状态和运动状态的诊断、运动员个体训练模式的建立和对某一个体进行有针对性的个体化训练。

高水平运动员具有三方面特点：①各器官系统功能及各器官之间的协作已经达到相当高的水平，竞技能力可塑空间下降，一般的训练手段与负荷已不能对机体产生作用，只有那些高度专项化、个体化的训练才能使高水平运动员突破现已形成的竞技能力平衡，在更高层次上建立新的平衡；②对专项能力的需求显著提高；③对训练方法、负荷的要求提升，只有针对性强的训练手段和科学的负荷才能进一步提高运动员的专项运动成绩。

实践证明，保持和提高运动成绩的最好办法是不间断地进行该项目比赛中的最基本的练习模式。因为，在有类似的神经肌肉募集方式的两种活动之间可能有更好的训练效果被转移。对专项训练来说，一定要强调训练的重复性和训练量的增加，其间不能穿插其他性质不同的刺激。研究证明，对运动员机体起一般性和多方面作用的负荷要素转化为运动能力的时间较长；相反，对运动机体起专门作用的负荷要素能较快地转化成运动能力，即能较快地产生超量补偿的效果。从运动生理学的角度来看，对从事某一特定运动项目的运动员来说，身体素质的训练必须与专项运动的特点相结合，才能有效地提高专项成绩。运动员在专项运动中所需求的身体素质只能通过自身的专项训练获得，任何非专项活动形式的身体素质训练都属于专项身体素质训练的一种辅助练习手段。高水平运动员在进行身体素质练习时应减少辅助练习的种类和数量。

比赛本身（专项训练）是最系统、最完整、最理想的训练内容，专项训练和专项辅助训练是训练内容的核心，以赛代练、以赛促练、赛练结合、从实战出发，是当今运动训练的一大发展趋势。以赛代练、以赛促练、赛练结合，把比赛当作训练的一部分，突出训练的强度，突出专项训练是创造优异运动成绩的最根本原则，这已为现代高水平运动训练的理论与实践所证实，是训练理论中无可非议的结论。训练负荷的"面"的低缓和"点"的突出，就是我们可以把比赛作为训练负荷的一个影响因素或者将其作为负荷本身，在其他条件不变的

情况下，比赛数量的增多毫无疑问地提升了整个训练过程的平均负荷强度。在当前情形下，许多竞技运动项目的教练员和运动员通常采用降低全年平均训练负荷强度的方法，防止运动员平均负荷强度过高。目前，将参加一部分比赛作为提高训练强度的重要手段，已成为许多世界级优秀运动员的选择，而平常训练强度的相应降低，使全年的训练强度变化的"落差"增大。这种强度的"落差"可使运动员从那些片面强调大强度训练而造成的长期疲劳中解脱出来，使机体在大部分时间里处于恢复与负荷的平衡状态，从而尽量避免或预防运动损伤与过度疲劳的产生。

训练实践表明，要想训练成功，既要不断探索培养优秀运动员的捷径，又必须遵循各个阶段的训练特点，企图超越全过程的阶段特点，无异于拔苗助长，极有可能导致运动员早衰状态的出现。例如，在早期专项化阶段，过多地采用早期专门化的手段，且针对专门能力和专门技术方面进行大量的成人化的方式与方法训练，会影响运动员竞技水平的正常发展。

三、现代高科技理论与技术对竞技体育的整体渗透

从运动训练的角度来讲，科学技术对运动训练的作用体现在以下三方面：

第一，人们不再满足于仅把运动成绩作为衡量训练效果的唯一标准，而是将评价的标准更多地转向训练的效率，即计算产出与投入的比值。微观上加强对训练过程的监控，提高训练的实效性与针对性，宏观上提高运动员成材率，缩短培养过程，延长运动寿命，即以最小的付出获得最大的效益，这样的训练自然需要科学的理论作为指导。

第二，运动员的培养是个系统、复杂和长期的过程。该过程不但受纵向上的选材阶段、基础训练阶段、专项训练和高水平训练阶段的影响，还受横向上专项特点、人体生长发育特点、运动员个体差异以及场地和设备条件等因素的影响。这一持续多年且结构复杂并受多种因素影响的训练过程，必须在多学科的科学理论指导下规划、调控。

第三，随着运动员竞技水平的提高，其机体各器官、系统的功能及它们间的协作不仅达到了相当高的水平，而且越来越趋向或接近生理的极限。进入最佳竞技阶段的运动员，其竞技能力的可塑空间逐渐减少，对训练负荷与手段的要求明显增加，运动成绩增长与运动损伤间的矛盾日趋突出。此时，只有依靠先进的科学理论与技术，才能使运动员各方面的潜能得以充分挖掘和最优匹配，促使运动成绩进一步提高。

四、选择适宜的参赛次数

竞技体育的职业化与商业化，使得比赛数量大幅度增加。在此背景下，运动员想要参加所有的比赛且在每次比赛中均表现出最佳竞技状态、获得最好成绩是不可能的。这就要求优秀运动员对参加比赛的次数进行控制，参赛次数过多或过少都会对运动员产生不利影响。若参赛过多，运动员不可能在所有的比赛中都达到最佳竞技状态，不但可能在重大比赛中失利，也会超出所能承受的训练强度，易造成运动性伤病；若参赛过少，则会降低整个训练过程的强度，使训练与比赛结合得不够紧密，使运动员心理素质的锻炼、比赛经验、控制比赛的能力、调整竞技状态的能力、参赛的动机减少，对提高运动成绩产生不利影响。只有适宜的参赛次数，才能确保运动员在大赛中处于最佳竞技状态。

不同项群运动员年参赛次数不同，集体对抗性项群运动员年参赛次数最多，其次是隔网对抗性项群运动员，体能类项目中速度及力量性项群运动员年参赛次数较耐力性项群运动员

多，健美性、准确性及格斗性项群运动员年参赛次数较少。

因此，在年度训练计划的制订过程中，一定要将比赛安排作为训练计划的一部分去整体考虑，应将比赛重要程度及性质的不同纳入训练计划的考虑中。只有整体考虑才能合理分期、有效调整，使运动员在重大比赛中形成和保持最佳竞技状态。

五、重视恢复

运动训练与恢复时刻相伴而行，对于高水平运动员来说，除比拼训练水平外，很大程度上也在较量体力的恢复能力。日常训练中只考虑刺激而忽略恢复的训练绝不可能取得高质量的训练成效，这一点已经得到训练实践的反复验证。因此，消除疲劳就成为高水平运动员预防运动伤病、保持持续参赛能力和提高专项运动成绩的关键因素之一。合理的恢复要建立在多学科平台的基础上，包括适时把握不同运动员在比赛、训练和不同项目上所消耗的能量及膳食特点，把握比赛或训练对运动员构成物质的消耗与营养素构成的关系，配置相应的各种心理、生物干预措施，使营养恢复系统整体化、制度化和功能化。这是备战大赛重构与细化训练结构的任务之一，也可能是运动员成绩存在差距的重要原因之一。

从体能主导类项目训练的发展趋向看，除了加强传统的恢复措施和手段外，一些力量训练与有氧训练也成为提高恢复能力的重要手段，被动的恢复已被主动的恢复逐步取代。全新的恢复理念使得人们从机体疲劳恢复的专门措施和手段，以及训练的负荷方面加强恢复能力的培养，从基础上提高运动员的恢复能力。

教练员和运动员是运动恢复的主体，教练员在制订训练计划时应当考虑到恢复。恢复已经成为运动员尤其是高水平运动员训练的一个有机组成部分，其在很大意义上也是运动员的一种能力，这种能力与其他能力一样需要各方面人员给予重视和专门的训练。运动员既要在教练员的指导下从事恢复实践，也应与教练员一起设计、组织实施自己的恢复活动，并参与对这一恢复过程的有效控制。恢复是一项非常复杂的工作，光靠教练员是难以完成的，管理工作者、科技人员、运动医生、营养师等也都是运动恢复活动的积极参与者，只有把各方面人员结合起来从不同的角度分工合作才能搞好这项工作。

六、运动训练的科学监测

更快、更高、更强、更团结的奥林匹克精神使竞技运动水平不断提高，世界纪录不断被刷新，运动员承受的训练强度和训练量越来越大，运动训练与比赛对体育科技提出了更高的要求；对运动员的训练过程实施系统的、长期的科学监测，以便科学诊断运动员的训练负荷、运动成绩、心理状态、技术特点和身体机能等状况，并在比赛或训练后通过科学手段加速运动员的能量储备与身体机能的恢复，防止运动员出现过度训练或过度疲劳，有效提高运动员的竞技能力。同时，在重大比赛前与比赛中科学地调控运动员的竞技状态，使运动员在比赛中创造最优异的运动成绩，是体育科学领域亟待解决的问题。相关人员应运用运动生理学、运动心理学、运动生物力学、运动生物化学等学科的基本理论与方法，研究运动员的竞技状态特点和规律，实现运动训练科学监测。运动训练的科学监测包括竞技能力诊断与监测、训练负荷诊断与监测、运动成绩诊断与监测等多方面。不同的诊断采用的方法不同，如运动技术诊断主要采用影像测量与分析、力学理论分析、力的测量与分析等方法对运动员的专项运动技术进行定性和定量诊断。在对运动员的竞技能力进行诊断时，要依照专项竞技能力的结构特点，重点诊断那些起决定作用的主导因素，并将诊断结果作为竞技能力总体诊断的主要依据。

　　科学化训练的规律不是一成不变的，随着竞技水平的不断发展，科学化训练的发展趋势也是动态变化的，我们要用动态的、发展的观念来对待科学化训练的规律。不同项目的教练员、运动员、科研人员与管理人员等要针对所从事项目的训练特点，结合自身的客观实际，找出训练中存在的问题，及时调整自己的训练思路、理论与方法，找出相应的改进策略，以实现夺标与育人的竞技体育目的。

第三章　现代体能训练研究

第一节　体能训练概述

一、体能训练的概念及分类

（一）体能训练的概念

体能即身体能力，指人体形态结构和各器官系统的机能积极适应运动训练、体育比赛以及日常生活需要的能力，在竞技运动中运动员体能主要表现为各项身体素质。体能训练是运动训练不可分割的重要组成部分，通过适应专项需要和合理负荷的肌肉练习，充分提高运动员机体各器官及系统的机能能力，促进运动成绩的提高是体能训练的主要目的。体能训练是技术训练、战术训练和心理训练的基础。它对掌握专项技术、战术，承担大负荷的训练和激烈的比赛，促进运动员身体健康以及延长运动寿命等具有非常重要的作用。

运动员的身体素质水平与运动水平协调统一地发展，在训练比赛中才有可能取得优异成绩。体能训练的基本内容就是充分发展与运动员专项运动密切相关的力量、速度、耐力、柔韧、灵敏等能力素质，从而提高运动员的身体素质水平和健康水平，为专项运动成绩和技术水平的不断提高奠定良好的基础。

（二）体能训练的分类

根据体能训练与专项的关系，可以将体能训练分为一般体能训练和专项体能训练。

一般体能训练是指在训练中采用多种多样非专项的身体练习的手段与方法，改善运动员的身体状态、增进运动员的健康，提高运动员各器官系统的机能，全面发展其力量、速度、耐力、灵敏和柔韧等素质。

专项体能训练是指在运动训练中，根据专项的特点采用与专项有紧密联系的专门性身体练习的手段与方法，充分发展和改善运动员与专项运动有直接关系的专项力量、速度、耐力、灵敏和柔韧等素质，以保证运动员在训练中更好地掌握专项技术与战术，并在比赛中顺利有效地加以运用。

一般体能训练和专项体能训练之间既有区别，又有联系。两者的主要区别在于训练的目的、手段与方法、负荷形式（表 3-1）；两者的主要联系在于一般体能训练是专项体能训练的基础，一般体能训练为专项体能的提高创造了必要的条件。专项体能的水平越高，对一般体能水平的要求也越高。所以，随着专项运动水平的不断提高，一般体能训练的要求和专项体能训练的要求也要随之改变，二者应该相互协调、相互促进，以满足专项运动发展的需要。

表 3-1 一般体能训练与专项体能训练的区别

要素	一般体能训练	专项体能训练
目的	提高人体各器官系统机能，增进身体健康，全面提高身体素质，为专项体能训练和专项成绩的提高打好基础	提高与专项有关的器官系统机能，发展与专项相适应的体能素质，保证运动员掌握专项技术、战术
手段与方法	专项以外多种多样的对全面提高身体素质有益的体能训练	动作特点与专项动作结构相似的或有紧密联系的专门性体能训练
负荷形式	全面负荷，负荷量一般为中等	局部负荷，负荷量一般为大

在运动技能水平的发展过程中，一般体能训练和专项体能训练的要求是不同的。根据体能水平与运动水平应协调发展的原理，在运动初级水平阶段，运动员重点掌握的是专项的基本技术与战术，这就需要全面提高运动员各器官的机能与一般身体素质。但到了运动高级水平阶段，运动员不仅要掌握复杂、先进的技术与战术，还要在比赛中取得优异成绩，这就需要运动员最大限度地发展专项身体素质。所以，一般体能训练和专项体能训练的训练量应根据运动水平的变化而变化。一般来说，随着运动水平的不断发展，一般体能的训练量应逐步减少，而专项体能的训练量却应逐步加大。在训练的不同时期、不同阶段，根据训练任务的不同，按比例协调一般体能的训练和专项体能的训练，能使体能训练获得最佳效果，并为运动成绩的提高奠定良好的物质基础。

二、体能训练的注意事项

（一）充分发挥运动员在体能训练中的主观作用

运动实践证明，运动员在体能训练过程中是主动投入还是被动投入，对机体的影响有很大的差异。运动员主动投入时，心理状态、神经系统、内脏系统和肌肉系统等都处于适宜的良性状态，能够承受较大负荷的训练强度，从而有效地改善有机体各器官系统的功能。而运动员被动投入时，有机体各系统并不是处在良性状态，这样就直接削弱了训练的效果。在训练中调动运动员的练习积极性，对提高训练效果有重要意义。

体能训练是运动员克服自身身体变化的一个极其艰苦、枯燥的过程。在这过程中要保证运动员的主观积极作用，一般的做法是：帮助运动员形成明确的训练目标导向、为运动员提供合理的训练方法与手段，以及适时给予合适的要求、鼓励等。例如，用专业的理论知识和生动的例子让运动员充分理解体能训练在运动训练中的作用与意义，并在实践中加以体现；运用多种多样的练习方法与手段，从客观上对运动员形成良性刺激，从而调动运动员的主观积极性；制定运动员经过努力能够达到的多级目标体系，一旦运动员达到某一级要求，适时地给予表扬、鼓励等，由此对运动员产生激励作用，这种激励作用能在一定时间内保持运动员的训练积极性。

（二）儿童、少年的体能训练应注意全面发展

在儿童、少年时期，运动员无论身体素质还是运动技术都处于打基础阶段，更应全面提高身体素质，提高一般身体机能水平，以促进专项成绩的不断提高。通过各种各样的人体部位运动的练习形式，全面提高儿童、少年的身体素质水平和人体机能能力，充分利用素质间

的良性转移，为其身体素质高度发展打下坚实的物质基础。

（三）体能训练要有计划，循序渐进，注重安全

人体是一个统一的有机体，力量、速度、耐力、柔韧和灵敏等素质是紧密联系、相互促进、相互制约的，人体素质的发展是逐步提高的。因此，应有计划、有系统地坚持长期训练，逐步增大运动量。训练时应做到幅度由小到大，动作由轻到重，频率由慢到快；进行力量、柔韧训练时，要做好充分的准备活动，负担量不能过重，加助力要适当，不能用力过猛，不要急于求成，以免发生伤害事故。练习后，要做好肌肉的放松活动。

（四）结合专项技术进行体能训练

体能训练的作用集中体现在创造优异的专项运动成绩这一终极目标上。因此，体能训练必须根据各运动项目的技术、战术和专项能力特点充分发展专项所需要的素质。结合专项技术进行体能训练，能使运动员的人体机能适应专项的特殊要求，有利于专项成绩的提高。例如，体操项目中，运动员应围绕倒立发展力量，结合前、后软翻发展腰部柔韧性，结合侧手翻、后手翻的连续快做发展动作的速度，结合跳马、踏跳发展弹跳力。

（五）体能训练要体现个体化特点

不同运动员的机能与素质水平都存在不同程度的差异，如果在体能训练中用统一模式对每个个体进行训练，则无法达到最佳训练效果。现代体能训练的个体化主要表现在以下三方面：

（1）训练计划和要求的个体化。
（2）训练内容、手段和方法的个体化。
（3）训练运动量的个体化。

三、各项体能训练的关系

力量、速度、耐力、柔韧和灵敏等体能训练在人体活动和运动中并不是孤立存在和孤立发展的，它们彼此之间是相互影响、相互促进和相互制约的紧密相连的关系，其表现形式主要是综合性和转移性。

在体育活动中，很少有一种活动形式只要求一种身体素质的参与，一般都是两种或两种以上的身体素质在综合发挥作用。例如，田径运动中的跳跃和投掷项目、排球运动中的扣球动作，既需要力量，又需要速度，这种能力的综合就是爆发力或速度力量；体操中的空翻，需要力量、速度、柔韧和灵敏综合而成的爆发力和灵活性。另外，力量与耐力的组合，综合成力量耐力；速度与耐力的组合，综合成速度耐力；速度与协调性的组合，综合成灵敏；协调性与柔韧组合，则综合成高度的灵活性（图3-1）。

素质间的转移是指某一种素质在发展的同时，对同类素质或其他素质的发展产生某种影响。用分类学的观点看待各项体能训练间的转移，其转移的形式是不同的：根据素质转移产生的效果，可分为良性转移和不良转移；根据素质间的关系，可分为同类转移和异类转移；根据转移的方式，可分为直接转移和间接转移（图3-2）。

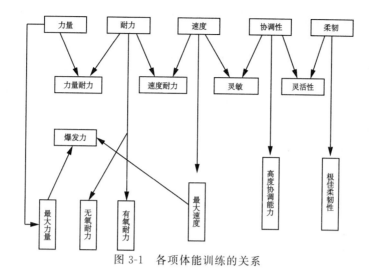

图 3-1   各项体能训练的关系

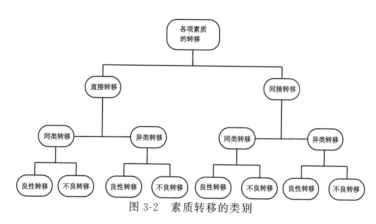

图 3-2   素质转移的类别

良性转移是指当一种素质得到发展时，会引起另一种素质的相应提高，或在同一种素质中，从一种表现形式的发展转移为另一种形式并也得到良好的发展。例如，当人体某一部分肌肉动力性力量增加时，会引起这一部分肌肉动作速度相应提高。又如，动作速度加快，能引起人体位移速度提高。不良转移是指当一种素质得到发展时，会引起另一种素质的相应下降，或在同一种素质中某一种表现形式的发展妨碍了另一种表现形式的提高。例如，力量与柔韧、速度与耐力的关系，力量增加会引起肌肉、关节韧带伸展度相应下降，速度提高会使耐力素质下降，反之亦然。又如，静力性力量增加，会引起动力性力量的功能减弱等。

同类转移是指同一种素质在各种不同运动形式中的转移。例如，进行举重项目的力量练习，可以使田径中的投掷、体操中的支撑等所需的力量水平得到发展。又如，耐力素质转移在长距离的跑和游泳之间的作用十分明显，虽然两者的运动形式不同，但耐力基础却是相同的，在跑的过程中所提高的耐力素质同样能使游泳成绩得到提高。

异类转移是指存在于各种素质之间的不同素质的转移。例如，力量和耐力素质之间的转移，耐力和速度素质之间的转移，力量和速度素质之间的转移，等等。一般来说，异类转移的良好效果在素质水平较低的情况下作用比较明显，但素质水平到了比较高的程度，这种转移的效果就会明显下降。

直接转移是指一种素质的发展会直接引起另一种素质的改变，或在同一种素质中产生直

— 21 —

接的变化。例如，腿部伸肌的动力性力量水平的提高，会直接使跑速得到有效提高。

间接转移是指一种素质的改变不能直接促使另一素质的水平提高，只是为它们提供了变化的先决条件，或在同一种素质的提高上间接地起作用。例如，用静力方式发展的腿部力量，虽然不可能直接引起跑速的提高，但静力性力量训练能有效地提高肌肉的最大力量，而最大力量可以逐步转化为动力性力量，进而提高跑速。间接转移要取得明显的效果所需时间比较长。

产生素质间转移的原因主要有三方面：其一，人体各器官系统是相互协同、相互联系、相互促进和相互制约的。运动员在运动中表现出来的某种素质不单单是某一个器官或某一系统的作用结果，而是在中枢神经系统的统一支配下，各器官系统机能综合作用的结果。其二，素质间的转移受运动动作结构和机体肌肉工作特征的相似程度影响，相似程度越大，素质间良性转移的可能性也就越高。其三，能量供应来源的同一性。素质提高的一个主要方式，是通过训练使有机体能量供应的状态得到改善。由于某些素质的能量来源基本相同，素质间的转移也就比较容易发生。

素质转移的基本原理已在运动训练实践中被广泛地应用，在训练中充分利用素质间的良性转移，尽量防止素质间的不良转移，能使实际训练取得事半功倍之效。因此，考虑素质间转移时，必须注意以下问题：

（1）要使素质间的积极转移得以实现并取得良好的成效，就需通过一定数量和一定强度的练习来实现。一般来说，素质间的转移在一定限度内与练习的负荷成正比。练习的负荷量越大，转移的效果就越明显。反之，转移的可能性和转移的效果就越小。另外，发展某种素质时，要考虑周到，多安排一些能够产生良性转移的练习，利用这些练习产生的良性转移来促进相应素质的提高。如果某些练习可能产生不良转移，就必须认真考虑安排的时机、次数或采用适宜的其他练习手段与方法来弥补其不足。例如，短跑运动员在适当地训练耐力素质时，应该考虑到耐力对速度的不良转移影响，因此，练习次数不宜过多，时间不能过长，练习应在运动员精力充沛时进行。又如，柔韧素质实际上是柔和韧组合的综合素质，柔对韧会产生不良转移，在柔的练习完成后应以韧的练习来弥补，才能收到更好的效果。用良性转移和不良转移的原理来指导训练，有经验的教练员会更注重后者，因为后者在训练中的实际意义远远超过前者。

（2）随着运动员训练水平的提高，运动员的有机体的生物学改造日趋完善，有机体的可塑性相应降低，良性转移会变得更有选择性。例如，运动员刚开始进入专项训练时，一般力量练习会引起速度的相应提高。但是对高水平的运动员再进行一般力量训练，就很难再促进速度提高。因此，在运动员训练的初级和中级阶段应充分运用各种科学合理的手段与方法，使良性转移的效果达到最佳。在运动员训练的高级阶段，应尽量运用直接转移来提高良性转移的效果。

（3）利用素质转移原理来有效地提高身体素质，首先要认清主体和客体的地位与相互关系，即直接练习的素质是主体，受到影响的素质是客体。运动员训练时应保证主体是发展的主要方向，再分析对客体的影响程度，如果是良性转移就加强巩固，如果是不良转移就要设法弥补。

第二节　各项身体素质训练

一、力量素质训练

力量素质是运动素质之一，是指肌肉工作时克服内外阻力的能力。力量素质是一种重要的基本运动素质。影响力量素质发展的生理因素包括神经过程的强度、快肌纤维的数量、高能物质的储量、雄性激素的含量、肌肉初长度的效应等；影响力量素质发展的训练因素包括训练方法、动作方法、负荷性质、负重强度、负重次（组）数、训练频度、恢复方法等。力量素质的提高和发展有助于提高短时耐力、速度素质以及某些复合素质的水平。

（一）力量素质的分类及各类之间的关系

力量素质的分类办法很多，分类情况（图 3-3、图 3-4）反映了力量分类依据的内在关系，也是选择力量练习手段的分类学依据。实践中，人们习惯把力量分为最大力量、速度力量、力量耐力（后两者具有复合性质）。一般认为，这样的划分方式具有概括性、通俗性、针对性。其中，最大力量对于对体重无特殊要求的运动项目（如投掷）具有决定性的意义；对于对体重有要求的力量性项目（如摔跤、举重），最大力量的相对力量对其成绩影响显著。速度力量（爆发力）则具有非常重要的专项性质，是决定技术效果的关键因素。力量耐力则对负荷强度、乳酸能代谢水平、有氧代谢水平要求较高的项目具有特殊的意义。因此，在发展力量素质时，要根据专项运动特点，全面而有选择地发展有关力量素质。

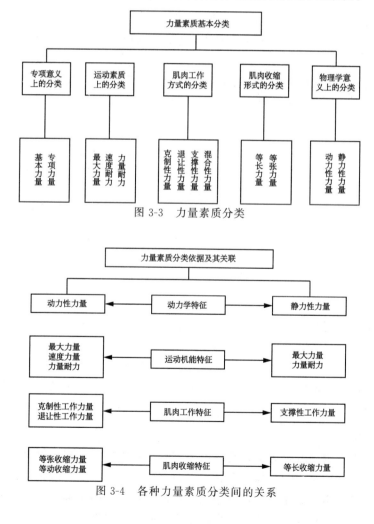

图 3-3　力量素质分类

图 3-4　各种力量素质分类间的关系

（二）力量素质训练的影响因素分析

力量素质训练发展的影响因素也是力量素质训练的基础。实践中，力量素质发展受肌肉横断面积、单位横断面积的肌纤维密度、髋关节杠杆的机械效率、同时收缩的肌纤维数量、肌纤维的收缩速度、肌纤维兴奋的同步化效率、神经纤维的传导速度、与运动无关的肌纤维抑制程度、大直径肌纤维激活的比例、不同类型肌纤维协作的效率、各种牵张反射的效率、作用于肌肉的神经纤维的兴奋阈值和肌肉收缩前的初长度等因素的影响。神经过程的强度、白肌纤维及其比例、能量储备特点、性激素的影响、肌肉收缩前的初长度效应等因素，对力量素质的影响也很大。认识和掌握这些影响因素的内在特点，不仅有助于科学地发展相关的机体机能和力量素质，而且有助于科学地选择力量训练的方法和手段。

1. 神经过程的强度

神经过程的强度往往决定着肌肉参与收缩的运动单位的数量。肌肉活动是受神经系统支配的，每块肌肉都具有一定数量的由神经纤维末梢与若干肌纤维相连组成的运动单位。通常，肌肉中的运动单位并不全部或同时导致肌肉收缩。而是在神经系统的支配下，部分地、有序地调节肌肉活动。但是，在竞技运动训练或比赛中，肌力会随着神经过程强度的提高而提高。这是因为神经强度越高，神经系统向肌肉发送的神经冲动越强、频率越快，肌肉中被动用的运动单位数量也就越多，并趋于同步支配肌肉收缩，因而产生的收缩力就越大。因此，力量训练必须唤醒和提升神经过程的强度，以此达到募集更多运动单位参与力量训练的目的。唯有如此，运动员的力量素质才能得到有效的提高。

2. 白肌纤维及其比例

白肌纤维又称为快缩肌纤维。它具有收缩速度快、收缩力强的特点，是力量素质表现的主要物质基础。研究发现，白肌纤维数量越多、直径越大，往往表现出来的力量素质水平也就越高。与其他项目相比，从事力量性项目的运动员的白肌纤维比例具有显著优势。白肌纤维的数量或比例具有遗传度较高的特点，适宜的力量训练可以引起白肌纤维选择性肥大。因此，力量素质训练特别强调训练方法的正确运用。实验证明，极限负荷强度或次极限负荷强度的力量训练，可以提高白肌纤维的收缩质量，进而促进爆发力的发展。小负荷强度训练则较易发展力量耐力。

3. 三磷酸腺苷、肌糖原、蛋白质储量

三磷酸腺苷、肌糖原、蛋白质储量对于力量素质的影响显著。蛋白质是肌纤维的重要组成成分，其含量越多，肌纤维充实程度越高，纤维直径就越粗；三磷酸腺苷、磷酸肌酸含量越高，肌纤维维持快速收缩速度的时间就越长，收缩功率就越高。因此，从能量代谢角度来讲，发展力量素质的关键因素之一是提高肌肉中三磷酸腺苷、磷酸肌酸、肌糖原和蛋白质的含量以及代谢能力。

4. 性激素的影响

性激素的影响亦是十分显著的。男、女成人在力量素质上可表现出明显的性别差异，引发这一差异的重要原因是男、女雄性激素水平具有显著差异。雄性激素是人体蛋白质合成的一种重要激素，该激素有助于增加肌肉中蛋白质的含量，提高肌肉质量，同时有助于抑制脂肪堆积。正因为它具有这样的作用，才促成了男性肌肉相对发达、女性肌肉相对纤细的普遍性差异现象。

（三）力量素质的训练方法

1. 等动力量训练方法

等动力量训练方法又称等速力量训练方法，是指采用专门抗阻力量训练设备，使人体在关节活动范围内动作速度基本不变地进行阻力训练的方法。此方法的最大特点是：人体接受外部负荷刺激所产生的生理反应强度在人体动作的变化过程中始终保持恒定，并使关节各个角度肌肉用力为最大用力或恒定用力。另外，肌肉最大用力始终贯穿于全部动作过程，肌肉张力时值总和显现最大值，肌肉所受到的刺激量最大，对于提高绝对力量（最大力量）的训练价值很高，负荷强度不必安排在最大重量强度上也可以取得提高最大力量的训练效果。练习后，有关肌肉的酸疼感觉相对较轻，对有关部位的小肌群、弱肌群或其他方法不容易训练到的深层肌群都有直接训练的作用。

等动力量训练方法对于外阻力系数较大的项目，如游泳、潜水、划船、自行车等，具有其他方法无法比拟的效果；对于骨骼肌拉伤后的恢复具有明显的康复价值；与其他方法相比，在同等时间内可使最大力量的发展取得更好的训练效果。或者说，可在较短时间内，在最大力量发展方面可以取得与其他训练方法具有同等功效的训练结果。等动力量训练方法的缺点是：对于爆发力、动作速度要求很高的运动项目（如田径的跳跃和排球的扣球起跳动作等），不宜过多采用。原因是等动力量训练方法的本质是在损失动作速度的情况下，通过始终进行最大用力过程来提高力量素质，这有碍于技术动作的速度提高。因此，爆发力要求很高的项目应适当地控制采用此法。不过，此法有助于科学提高跳跃项目中肌肉被迫退让收缩的力量。

2. 等张力量训练方法

等张力量训练方法是指抗阻力训练时肌肉以克制性工作方式呈现向心收缩时，肌肉长度发生缩短而张力保持不变的力量训练方法。采用此方法，当肌肉收缩时所承受的负荷小于肌肉收缩力时可使物体产生位移，因此可以做功。等张力量训练方法最大的特点是动作速度快、功率大。等张力量训练方法的优点是：可以利用刺激强度的不断累积，提高最大力量和爆发力；动作起始阶段的肌肉张力水平最大，对于提高动作速度和爆发力均具有直接的训练价值；便于运用多种练习手段，提高多关节运动的技能储备量。等张力量训练方法的缺点是：力量训练的肌张力最大值的时值较短，每次动作刺激总量较低，且在连贯动作的过程中不能使各个关节角度的肌肉呈现出最大用力；不易训练小肌肉和弱肌群，如果动作不够规范则容易出现伤害事故。

3. 等长力量训练方法

等长力量训练方法又称静力性力量训练方法，是指人体采用相对静止的动作，利用肌肉收缩长度不变、张力变化的特点进行训练的练习方法。此方法的最大特点是物理上表现的功为零，但生物体存在做功的功能。等长力量训练方法的优点是：动作简单易行，无须复杂的训练器材，对于提高静力性的最大力量效果明显；对于训练小肌群、弱肌群颇为有效；负荷强度与肌肉张力增加成正相关；对于软组织损伤康复具有积极作用。等长力量训练方法的缺点是：对各种速度力量、爆发力要求甚高的运动项目，不能采用此法作为主要训练方法；过多采用此法，易使肌肉失去弹性，形成爆发力的发展障碍，从而难以继续提高；易使肌肉横断面增加，并与毛细血管的发展出现失衡的状态，容易影响肌肉的代谢物质的交换。

4.超长收缩力量训练方法

超长收缩力量训练方法又称增强式力量训练法或反射性力量训练方法。此方法是利用肌肉弹性、收缩性和牵张反射性，引起神经系统反射性地产生更强烈的兴奋冲动，从而募集更多的运动单位参加收缩，以产生更大的肌肉收缩力，进而达到提高爆发力的目的。超长收缩力量训练方法的优点是：可以更强烈地刺激肌肉，使肌肉张力产生更高的峰值；可以有效地提高肌肉在被迫退让阶段收缩时的抗拉力水平；可以有效地提高向心收缩时的肌肉收缩速度。因此，此方法对于提高爆发力水平的训练价值最大。实践中，各种跳跃练习就是此方法的练习手段。超长收缩力量训练方法的缺点是：如果动作结构不合理，则易导致肌纤维拉伤。另外，肌力较弱的少年和儿童不宜过多地使用此法。

5.四种训练方法比较

力量训练方法主要包括等动、等张、超长、等长四种力量训练方法。"游泳等动器"的练习就是等动力量训练方法运用的范例。等动力量训练方法最大的特点是可使关节各个角度的肌肉用力呈现出最大用力，其目的是发展克服系数较大的外阻力的能力。"高翻杠铃"的练习是等张力量训练方法运用的范例。等张力量训练方法最大的特点是动作速度快、功率大，其目的是发展速度力量。跳深练习是超长收缩力量训练方法运用的范例。超长收缩力量训练方法最大的特点是可使有关肌群得到更深刻的刺激和反应，其目的是发展爆发力。倒立支撑是等长力量训练方法运用的一个范例。等长力量训练方法最大的特点是简单易行，其目的是发展静力性力量。显然，这些力量训练方法对于发展不同力量素质各具独特作用（表3-2）。

表 3-2　四种力量训练方法的比较

比较类别	等动力量训练	等张力量训练	等长力量训练	超长力量训练
最大力量增长率	最大	较大	较低	一般
爆发力发展程度	一般	较大	较低	最大
力量耐力增长率	最大	较大	较低	一般
动作力量增长率	最大	较大	较低	一般
训练时间的经济性	较大	一般	最大	一般
训练器材的经济性	较小	一般	最大	一般
训练实施的简易性	较小	较大	最大	一般
评定方法的方便性	较小	最大	一般	一般
肌肉酸痛感的程度	较小	一般	较大	较大
训练受伤的可能性	较小	较大	一般	最大
训练器材的科学性	最大	较大	最小	一般
练习部位的多样性	较小	较大	最小	一般

（四）力量训练的负荷安排

1. 最大力量的负荷安排

根据力量训练负荷等级，动力性最大力量的训练负荷强度必须采用次极限以上的负荷强度（最大力量的85%～100%）进行训练，力量发展效果才能显著。在这种等级内，每单元训练的组数可为5～8组，每组练习的次数可为2～5次。具体组数、次数的安排，以引起局部肌肉显现疲劳状态为主。负荷强度与量的具体安排有四种变化形式：强度与量度恒定；强度提高，量度恒定；强度恒定，量度提高；强度与量度均为下降。用次极限或极限负荷强度发展最大力量是高水平运动员在力量训练中一种常用且合理的负荷安排方式。但是，初级运动员最大力量发展的负荷安排不同于中级、高级运动员。一般来讲，初级运动员以选择中等或偏大强度的负荷级别进行力量训练为宜，次数可安排得略多一些。另外，在疲劳状态下，中等负荷强度的负荷训练也具有极限负荷的某些特征。

发展最大力量时遵循的原则是：每组练习的次数不宜多，而且在准备性负重练习后，要很快进行次极限或极限负荷级别的训练，以保证机体在最佳训练状态下接受最强烈的外部刺激，争取获得较好的训练效果。在各组练习的间歇中，必须采取适宜的恢复手段以促使有关肌群的暂时性疲劳得以消除。一般情况下，间歇时间以2～5分钟为宜。

2. 速度力量的负荷安排

爆发力训练负荷的安排取决于两个条件：一是提高肌肉收缩速度；二是提高肌肉收缩力量。由于大多数运动项目都需要爆发力，且爆发力的表现形式不同，因此根据肌肉张力的变化程度和动作的基本形式，可将爆发力细分为强直性爆发力（如抓举杠铃的爆发力）、弹道性爆发力（如掷标枪所需的爆发力）、反弹性爆发力（如弹跳力）。研究表明，速度、力量因素对发展爆发力的影响侧重点不同。强直性爆发力是在保持或不降低肌肉收缩速度的前提下，着重通过提高最大力量来促使其发展的；弹道性爆发力是以一定的力量为基础条件，着重通过提高肌肉收缩速度来促使其发展的；反弹性爆发力则是以努力发展肌肉被迫拉长转入缩短收缩速度为前提，通过逐步发展肌肉最大张力和力量来促使其提高的。

因此，以发展弹道性爆发力为主的训练，通常表现出负荷重量强度小、负荷速度强度大的特点。一般情况下，应采用两种负荷形式进行训练：一种是在恒定小负重的情况下进行动作速度训练；另一种是在变化负重强度的情况下进行动作速度训练。在负重强度略大的练习完毕后，马上进行轻负重或无负重的训练，以利用肌肉在较大刺激的作用下所产生的效应，发展动作速度、提高爆发力水平。在以发展强直性或反弹性爆发力为主的训练中，负荷强度应以次极限或大强度负荷级别安排为宜。因为该强度下的训练，动作速度下降并不明显，有利于在不损失动作速度的前提下提高力量，进而提高爆发力。需要特别指出的是：在反弹性爆发力的每组练习后应注意进行适宜性恢复，恢复方法以肌肉放松按摩为好。

无论选择哪种爆发力的训练，都不能在损失速度的前提下通过追求最大力量求得爆发力的提高，否则有可能产生速度障碍。在安排负荷练习时，负荷的有效刺激强度应在中枢神经系统处在最佳良性状态下施加于机体。每组练习可以进行5～8次，练习的组数、次数应以不产生动作迟缓为原则，组间休息应稍长一些。另外，爆发力负荷强度安排的另一种方法是8M负荷法，这种方法的理论依据是有效负荷强度刺激效果和运动适应原理。8M负荷法的规定是：以能够承受重负5次负荷量的最大强度为限，在此强度下进行重复训练。当机体经过若干周的训练适应之后，如果能在这一强度承受每组 8 次重复的负荷量，则可提高负重强度（图 3-5）。8M 负荷法简单易行，有助于提高爆发力。

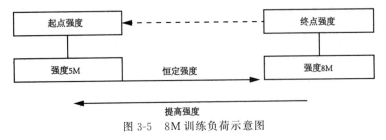

图 3-5　8M 训练负荷示意图

3. 力量耐力的负荷安排

对划船、游泳、摔跤等项目来说，绝对力量的大小在一定程度上决定着力量耐力的水平。一般地讲，在负荷强度值（实际阻力数）相等的情况下，绝对力量越大，力量耐力就越强。因此，适当进行最大力量训练有助于提高力量耐力。由于力量耐力取决于机体糖原水平，因此适当地采用具有耐力性质的力量负荷训练也是必需的。以此为目的的负荷安排约为最大力量的 50%，一般为 5～8 组，组间休息为 1～3 分钟。力量耐力训练的外加阻力形式多种多样。专项力量耐力负荷强度应类似比赛强度。负荷量则是比赛负荷量的 120%～140% 即可。力量耐力训练对动作频率和幅度的要求是严格的，其中动作幅度受功率的影响，动作频率则受耐力速度影响，两者共同影响力量耐力的发展。

(五) 力量训练的基本要求

抗阻力训练是提高力量素质的重要途径。采用抗阻力练习手段必须注意练习手段对各部肌群的影响。练习动作必须符合解剖学原理及专项要求，要根据训练目的有效地采用不同的训练方法。一般地讲，以提高最大力量为目的，可采用等动力量训练方法、等张力量训练方法、等长力量训练方法；以提高爆发力量为目的，可采用以等张力量训练、超长收缩力量训练方法为主，其他方法为辅的基本原则进行训练。在力量训练中，要重视大小肌群力量素质均衡发展、专项力量素质和基本力量素质的协调训练；要重视力量训练前后的准备、放松活动。准备活动中，首先要使运动员的神经与肌肉系统做好承受极限负荷的准备；训练后要充分进行放松，重点要采用拉长放松和抖动放松手段，以促使肌肉恢复到训练前的初始状态。

二、耐力素质训练

耐力素质是运动素质之一，是指人体的长时间活动或抵御神经、肌肉疲劳的能力，是一种重要的基本运动素质。生物学方面影响耐力素质发展的主要因素是：神经过程的稳定性、快慢肌纤维的比例、肌糖原的储备量、最大摄氧量水平、人体的负氧债能力等因素。训练学方面影响耐力素质发展的主要因素是：训练方法、训练手段、负荷性质、负荷强度、练习次（组）数、训练频度、恢复方法等。

(一) 耐力素质的分类及各类之间的关系

因耐力素质分类的依据不同、认识的角度有异，目前有关耐力素质种类的称谓或名称繁多。根据耐力素质最本质的特点，这里仅从负荷时间、强度及其相应能量供应的角度来阐述耐力素质的种类及其关系。按负荷时间、负荷强度进行分类，耐力素质可分短时（短时间）耐力、中时（中时间）耐力、长时（长时间）耐力。短时耐力是指人体在 1 分钟内以高强度负荷持续工作的能力；中时耐力是指人体在 1~8 分钟间以较高强度负荷持续工作的能力；长时耐力是指人体在 8 分钟以上以中等或较低强度负荷持续工作的能力。其中，长时耐力又可分 3 个等级，即负荷持续时间 8~15 分钟为长时Ⅰ级耐力；负荷持续时间为 15~30 分钟为长时Ⅱ级耐力；负荷时间在 30~90 分钟或以上为长时Ⅲ级耐力（表 3-3）。

表 3-3 耐力素质划分的依据及隶属种类

分类依据	耐力素质种类
运动状态	动力性耐力
	静力性耐力
运动机能	力量耐力
	速度耐力
负荷时间、负荷强度	短时耐力
	中时耐力
	长时耐力Ⅰ、长时耐力Ⅱ、长时耐力Ⅲ
组织、器官、系统	肌肉耐力
	心血管耐力
能量供应形式	有氧耐力
	无氧耐力
运动专项	一般耐力
	专项耐力

按能量供应形式分类，耐力素质可分为无氧耐力和有氧耐力。无氧耐力是指人体在供氧不足并产生氧债的情况下克服疲劳的能力；有氧耐力则是指人体在氧供应充足或吸氧量和耗氧量处于平衡的状态下克服疲劳的能力。尽管耐力素质种类的分类依据不同，但是其隶属种类之间仍具有一定联系。例如，按负荷时间和负荷强度分类的各种耐力种类，在能量供应方式上均有相应的特点。当然，按负荷时间强度分类的耐力素质与按运动机能特征分类的耐力素质之间也具有紧密的关系。研究表明，力量耐力和速度耐力与耐力素质中的短时耐力高度相关、与中时耐力中度相关、与长时耐力低度相关。显然，耐力素质中的短时耐力与长时耐力的肌肉性能和能量代谢是根本不同的。

（二）耐力素质训练的影响因素分析

耐力素质训练发展的影响因素也是耐力素质训练的基础。耐力素质的发展主要受神经过程的稳定性、能量物质的储备量、最大摄氧量的水平、红肌纤维及其比例、人体负氧债的能力和人的意志品质等因素影响。其中，神经过程的稳定性影响重大。在长时间的运动中，神经过程是否保持稳定，是决定技术动作是否保持高度协调的重要因素之一。在耐力项目训练中，神经过程具有长时的稳定性，意味着神经机能对疲劳具有高度的抵抗能力。这种能力在运动过程的后段不仅直接影响着肢体活动的稳定性，而且对提高机体物质代谢的调节能力具有直接作用。神经过程的稳定性与心理意志力程度高度相关，两者相得益彰，互相促进。神经过程的稳定性和意志品质的顽强性共同促进耐力水平的发展。

1. 人体的能量物质

人体体内的能量物质，尤其是糖原、游离脂肪酸的储备量，是决定耐力（中时耐力、长时耐力）水平的重要因素。在一般情况下，在氧供应充足的条件下，体内糖原和游离脂肪酸含量高的运动员在运动中所表现出来的耐力水平通常较高。体内糖原的储备量大，标志着运动员在较高强度的负荷下持续运动的潜力大；体内游离脂肪酸含量多，意味着运动员连续工作的能力强。长期、系统地训练，可以有效改善机体能量供应系统的调节能力。例如，在运动中不必过多消耗机体糖原，就可较早地动用体内游离脂肪酸参与氧化分解供能。这样，既有利于维持体内血糖的正常数值（血液中的糖原）以满足脑细胞需要，又能使高值能量物质尽早参与供能，当负荷强度提高时又可及时启动糖原的无氧供能。

2. 最大摄氧量

最大摄氧量是衡量运动员有氧耐力的客观指标。氧是能量物质氧化释能不可缺少的主要物质，氧供应充足与否在很大程度上取决于最大摄氧量。人体最大摄氧量是由心、肺、血管系统的功能共同决定的。在运动中，人体体内氧的来源如下：首先，人通过呼吸系统将氧吸入肺部；然后，氧通过肺泡壁与肺循环毛细血管的血液进行气体交换进入血液，并与血液中的血红蛋白结合；最后，氧经毛细血管进入肌细胞内供能量物质氧化释能，满足肢体活动需要。因此，从本质上讲，肌细胞内能量物质氧化释能所需的氧量决定着能量供应水平。而肌细胞内氧量充足与否则取决于肺通气量、血液中的红细胞数量和血红蛋白量、心排血量以及毛细血管的分布密度。因此，改善心血管系统的功能是影响肌细胞氧量的关键因素。

3. 红肌纤维

人体骨骼肌中的红肌纤维是耐力素质的重要物质基础。在结构上，它具有肌原纤维粗、横纹少、神经末梢多的特点；在机能上，它具有潜伏期长、不易疲劳、持续收缩时间长、氧化能力强的特点。红肌纤维收缩主要依赖肌糖原、游离脂肪酸的氧化释能。红肌纤维之所以有此特点，就是因为红肌纤维含有较多的线粒体。线粒体是人体细胞的能量工厂。研究表明，人体具有的红肌纤维的比例与最大摄氧量水平呈正相关性。在负荷强度要求人体以最大摄氧量的90％氧供应运动时，红肌纤维内的糖原随着负荷时间的延续而显著减少，但白肌纤维内的糖原消耗并不显著。这说明在氧供应充足的情况下，人体运动主要是红肌纤维及其内部的能量物质分解释能在起作用。因此，红肌纤维是有氧耐力素质的重要物质基础。

4. 人体负氧债

人体负氧债的能力是判断运动员无氧代谢能力的重要依据。人体在氧供应不足的情况下，仍然能够保持较高负荷强度的持续运动能力，这说明人体抗氧债的能力高。人体负氧债能力的高低与人体的抗酸能力、糖原无氧酵解能力、氧利用能力有关。一般地说，在氧供应不充分的情况下，糖原无氧酵解释放能量越多，体内氧利用率越高，人体抗酸能力越强，人体无氧耐力水平就会越高。研究证明，系统无氧耐力的训练可以有效地提高上述诸能力，使人体在缺氧状态下，仍能体现出高水平的无氧耐力。人体在相对最高强度下不同竞技时间与能量代谢系统的关系见表3-4。人体负氧债能力对于短时耐力、速度耐力和力量耐力等运动素质要求甚高的运动项目来说是一种重要的生理机能。

表 3-4 相对最高强度下不同竞技时间与能量代谢系统的关系

类型	吸氧量	氧债	乳酸	ATP、CP	肌糖原	游离脂肪酸
0～8 秒	很少	低	非常低	高	低	无
6～15 秒	非常少	低	低	中高	中	无
12～30 秒	低	中	中	中	高	无
25 秒～1 分 20 秒	中低	高	高	中低	高	无
1 分 10 秒～3 分钟	中高	高	高	低	高	少
2 分 30 秒～7 分钟	高	高	高	低	高	少
6～12 分钟	高	中	中	低	中高	低
10～25 分钟	高	中低	中低	低	中	中高
20～45 分钟	高	低	低	低	低	高
35～240 分钟	高	低	低	低	低	高

（三）耐力素质的训练方法

1. 持续训练方法

持续训练方法是指运动员以比较恒定的强度持续不间断地进行长时间练习的方法。此方法的主要功能是提高长时耐力水平。此方法的特点是：可提高机体内游离脂肪酸储备水平，有助于提高体内有氧代谢能量物质的含量；在负荷时间长时耐力Ⅰ级、长时耐力Ⅱ级的范围内，安排心率为 165 次/分钟的负荷强度进行训练（在此强度下，负荷总时间也可延续 30 分钟以上），对于提高肌糖原代谢水平、糖原储备量都具有实际价值，同时有助于提高心血管系统功能；在负荷时间为长时耐力Ⅲ级时，安排心率为 150 次/分钟的负荷强度进行训练（在此强度上，负荷时间也可延续 90 分钟以上），对于改善人体心血管系统机能及提高人体脂肪代谢水平具有功效。持续训练方法的变化形式为变速持续练习或者法特莱克训练法。

2. 间歇训练方法

间歇训练方法是指在相对固定的条件下，按照严格规定的间歇时间休息并进行反复练习的方法。间歇训练方法与重复训练方法的最大的区别是对间歇时间进行严格的规定。间歇训练方法的主要功能是提高中时耐力水平。此方法的特点是：间歇时间是以运动后心率恢复到 120 次/分钟为确定具体间歇时间的主要依据，具有严格的指标；对于提高人体心脏每分输出量的影响最大，可显著提高心肌收缩能力，提高心脏输送血液的能力；对于提高中时耐力、长时耐力Ⅰ级耐力具有较高训练价值；在较高强度负荷下，通过采用分段持续负荷和不断缩短间歇时间的方法，可有效地提高专项耐力水平。间歇训练方法的不足是：对初级运动员不宜过多采用；负荷量不易掌握；实践中倘若运用失当或负荷间歇掌控不好，易发生速度障碍。

3. 重复训练方法

重复训练方法是指在相对固定的条件下（不改变动作结构和负荷），按照一定的要求，反复进行练习的方法。此方法的特点是：多次重复训练的平均负荷强度最大，每次重复练习时间不长，间歇时间要求不严，一般以不影响下次重复练习的强度为原则；练习的动作结构固定；对于提高肌肉中三磷酸腺苷、磷酸肌酸和肌糖原的含量颇为有效，可取得明显的超量恢复效果。持续时间为 6～8 秒，强度为最高的运动负荷，对提高三磷酸腺苷、磷酸肌酸能量物质有利；持续时间为 6～30 秒，强度为较高的负荷，对提高糖的无氧酵解能力和无氧耐力有利；持续时间为 30 秒～2 分钟，强度安排偏高，对提高以糖的无氧为主的混合供能能力有利。因此，耐力训练的每组负荷时间应安排在 30 秒～2 分钟或以上。

（四）耐力训练的负荷安排

根据人体主要供能特点和不同状态下能量供应比例，图德·邦帕提出六级负荷等级。由表 3-5 可见，耐力训练负荷等级的划分较为复杂，主要根据耐力素质的负荷时间、负荷强度与能量代谢的关系进行分类，并辅以外部负荷指标。在发展耐力素质上，根据短时耐力、中时耐力、长时耐力的划分标准，针对性地采用相应的某一等级负荷指标，科学地设计训练计划、合理地安排运动负荷和有效地实施训练是耐力素质训练的关键。其中，认识耐力素质运动负荷的各级生理指标，是科学地设计训练计划、合理地安排运动负荷和有效地实施训练的主要依据。负荷强度 2 级到 6 级都是耐力训练的主要负荷区域，对于提高不同系统的能量代谢能力具有不同的功效。

表 3-5　速度—耐力素质的负荷等级划分

强度	持续时间	强度程度	主要供能系统	能量供应比例（％）	
				无氧	有氧
1	<6 秒	最大	磷酸原系统	100～95	0～4
2	6～30 秒	次大	磷酸原系统和快速糖酵解	94～80	5～20
3	31 秒～2 分钟	较大	磷酸原系统和慢速糖酵解	79～50	21～50
4	2～3 分钟	中等	慢速糖酵解和有氧供能系统	49～40	51～60
5	4～30 分钟	较低	有氧供能系统	39～5	61～95
6	>30 分钟	低	有氧供能系统	4～2	96～98

1. 短时耐力的负荷安排

短时耐力的训练负荷应以体现明显的无氧供能为特点，以提高肌糖原、血糖、无氧酵解释能水平及机体抗氧债能力为目的。其练习过程应引起强烈的无氧代谢反应。短时耐力的负荷强度多以耐力等级中的次高强度级为主。因此，其生理负荷指标应体现出氧债高、乳酸量大、心率快的特点。为此，负荷持续时间可根据训练目的，在 30 秒～1 分钟之间选择。练习次数则随训练水平、强度的变化而变化。各次练习的间歇时间安排，可以按机体充分恢复或不充分恢复两种方式考虑。对初学者而言，其练习方法的安排应以重复训练方法为主，间歇时间以充分恢复为安排原则；对于训练有素的运动员或高级运动员，其练习方法的安排较为复杂，但多以重复训练方法、强化性间歇训练方法、比赛训练方法为宜。

2. 中时耐力的负荷安排

中时耐力的负荷时间通常为 1～8 分钟，中时耐力素质的训练最为复杂。许多项目的比赛时间或者局赛时间都是在这一时间范围内。因此，耐力训练至关重要。中时耐力的运动负荷安排，应鲜明地体现出无氧代谢和有氧代谢混合供能的特点，以提高肌糖原和肝糖原水平、糖的无氧分解和有氧分解释能水平为目的。中时耐力负荷强度所跨级别较多，因此，须具体问题具体分析。一般来说，中时耐力比赛负荷强度、负荷持续时间越接近短时耐力项目的性质，其运动负荷强度的性质就会越接近以无氧代谢为主。磷酸原系统和快速糖酵解系统的参与比例越大，负荷强度应越大。反之，负荷时间越接近长时耐力或接近 8 分钟，有氧代谢供能的比例越大，运动负荷强度就越低。

通常，接近 1 分钟负荷时间的负荷强度应以 3 级为主，应适度地进行 4～6 级的负荷强度训练，以确保身体具有较高的有氧代谢能力，从而为中时耐力的无氧能力奠定有氧代谢基础。一般来说，每次负荷持续时间多为 1～3 分钟，应适当地进行短时间、高强度、短间歇的负荷练习，总有效负荷时间为 20～45 分钟不等。中时耐力的比赛负荷越接近长时耐力项目的性质，其负荷性质就越接近有氧代谢负荷的级别。总的来说，其负荷强度安排多为 5～6 级。必须适度安排 2～3 级强度的训练，以便提高运动员最后冲刺的耐酸能力。由于中时耐力是很多项目的耐力基础，加之能量代谢混合供能的形式复杂，因此，需要辩证地认识无氧代谢与有氧代谢之间的关系，合理地安排中时耐力的负荷强度和时间。

中时耐力训练的组织方法同样比较复杂。因此，中时耐力的训练组织，往往根据训练水平、专项特点、训练目的的不同，采用不同的变化负荷元素的训练方式达到训练组织目的。在实践中，变化不同负荷元素的负荷安排有如下四种典型方式：第一，负荷强度、时间、数量、间歇时间均为恒定，主要用于适应性训练；第二，负荷强度、时间、数量恒定，间歇时间缩短，主要用于分段后整体衔接的耐力训练；第三，强度提高，数量、间歇时间均为恒定，主要用于提高负荷强度的训练；第四，负荷时间、数量提高，负荷强度、间歇恒定，主要用于提高负荷量的训练。显然，这些方式所要达到的目的不同。因此，需要根据训练过程不同阶段的任务和运动员的实际水平，科学地安排不同的负荷。

3. 长时耐力的负荷安排

长时耐力训练的负荷安排，应体现以有氧供能为主、以无氧代谢为辅的特点，应以提高机体糖原储备量、糖的有氧分解能力、最大吸氧量、游离脂肪酸含量及其氧化能力为目的。一般地讲，长时 I 级耐力的平均负荷强度应以中等强度为主，心率多为 165±5 次/分钟；每次练习的持续时间多为 8～15 分钟不等，间歇时间充分。长时 II 级耐力的训练强度偏中较低，心率多为 155±5 次/分钟，每次练习的持续时间多为 15～30 分钟不等，间歇时间充分。在长时耐力训练中，练习的负荷性质应该是有氧负荷性质。但是，在全年的训练中应该适度穿插无氧代谢训练的安排。训练的主要方法是发展性间歇训练方法和持续训练方法，对于长时 I 级耐力训练，有时可采用强化性间歇训练方法安排负荷。

(五) 耐力训练的基本要求

耐力训练应遵循能量代谢系统的规律。提高短时耐力水平的途径是提高无氧代谢能力；提高中时耐力水平的途径是提高有氧和无氧代谢混合供能能力；提高长时耐力的途径是提高糖原，尤其是游离脂肪酸的有氧分解释能水平。由于中时耐力能量供应方式复杂，所以，必须具体项目具体分析。另外，耐力训练应当与技术训练、战术训练、意志训练高度结合。在球类运动中，每次攻防的过程实际上是一个以无氧供能为主的过程。因此，耐力训练必须注意：无氧训练的强度要高，变化要多，密度要大，要以有氧耐力训练为基础，以无氧耐力训练为目的，以随机变化的负荷强度为练习安排的主要方式。战术训练应该具有无氧耐力训练的性质，这样既有利于提高专项耐力水平，又可确保技术、战术具有高度稳定性。

三、速度素质训练

速度素质是运动素质之一，是指人体在神经系统支配下，以高能物质三磷酸腺苷、磷酸肌酸为主要能源进行快速运动的能力，是一种重要的基本运动素质。生物学方面影响速度素质发展的主要因素是：神经过程的速度、快肌纤维的数量、高能物质的储备量、肌肉纤维的弹性、速度感知能力等。训练学方面影响速度素质发展的主要因素是：训练方法、训练手段、负荷性质、负荷强度、练习次（组）数、训练频度、恢复方法及其手段等。

（一）速度素质的分类及各类之间的关系

速度素质是所有运动项目体能训练的重点，速度素质种类因划分依据不同而称谓有异。本节从实践性角度重点介绍速度素质中的反应速度、加速度、动作速度、速度耐力。其中，反应速度是指人体对外界信号刺激做出应答的能力，反映了神经冲动在神经系统中的传导速度。加速度是指在规定的条件下，人体重心（局部肢体重心）速度变化的差异与所用时间的比值，反映了人体由静态转入最高速度动态的变化过程。动作速度是指完成单个动作或整套动作的快速能力，反映了机体完成动作的整体快速能力（从某种意义上讲也包括加速度因素）。速度耐力是指人体维持最高速度运动状态的能力，反映了人体保持最高速度运动状态的持久力。因此，必须区分不同速度素质的训练。

发展速度素质除对提高速度性项群的专项运动成绩具有直接作用外，对于其他运动项目亦有重大作用，对于许多运动项目形成某种技术风格和战术风格具有极大的意义。速度素质既是运动技术关键环节的构成要素，也是运动战术的构成要素。良好的速度素质可以提高基本技术的质量和衔接技术的效果，也可以形成"以小打大、以快制高"的战术作风。在实践中，各种速度的关系紧密。许多运动项目的速度素质正是上述四种速度素质的综合反映。例如，田径100米跑是四种速度素质的综合作用；在乒乓球运动员的攻守对抗中，反应速度起着决定作用；在排球运动员扣球动作的动作中速度与加速度则起关键作用。因此，在训练中，应根据专项运动技术、战术的要求以及各类速度素质的相关作用进行分类、分层、分级训练。

（二）速度素质训练的影响因素分析

速度素质训练的影响因素主要是指影响速度发展的生物学因素。速度素质的发展主要受神经过程的快速性、白肌纤维及其比例、高能物质的储备量、肌纤维的物理特性、速度心理感知能力和疲劳训练不良效应等因素的影响。其中，神经过程的快速性影响重大。神经过程兴奋与抑制的转换速度是速度素质的神经基础，直接影响着肌肉收缩与舒张交替过程的快慢。由于神经系统占据支配地位，因此，改善神经系统是提高速度素质的首要条件。人体神经过程的兴奋与抑制的转换能力具有较高的遗传度。在儿童、少年阶段，这一能力具有一定的可塑性。速度心理感知能力也是影响速度素质的重要因素，速度感知能力强，可使肌肉收缩协调、快速，有利于促使肌肉进行协调收缩与放松活动。

白肌纤维是速度素质的肌细胞基础。研究表明，人体骨骼肌中的白肌纤维的数量和体积除与力量素质呈正相关外，还与速度素质呈高度正相关。科学的速度训练可提高白肌纤维的质量，提高肌纤维内三磷酸腺苷、磷酸肌酸高能物质的含量和细胞内酶的活性；反之，不科学的速度训练会使白肌纤维红肌化，形成一定的速度障碍。另外，速度素质依靠的能量物质基础是三磷酸腺苷、磷酸肌酸以及无氧状态下肌糖原的释能水平。其中，细胞内三磷酸腺苷、磷酸肌酸的分解释能可使人体维持激烈活动6～8秒（也有研究证明，可多达10秒或以上）；而后，肌糖原在无氧状态下分解释能供三磷酸腺苷再合成、释能，以继续维持人体快速运动（图3-6）。因此，提高三磷酸腺苷和磷酸肌酸的储量以及肌糖原在无氧状态下释能水平十分重要。

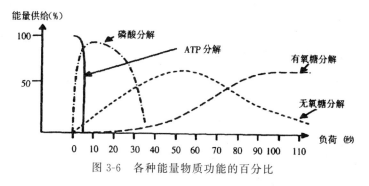

图 3-6　各种能量物质功能的百分比

肌肉的物理特性主要反映在肌肉的弹性、伸展性、黏性和松弛性上。肌肉的弹性大，可产生较快的收缩速度；肌肉的伸展性强，可扩大动作幅度；肌肉的黏性适宜，可减少肌肉内部的摩擦力；肌肉松弛性适宜，可配合肌肉主动肌的快速收缩。因此，速度训练的一个关键因素是提高肌肉的物理特性，即肌肉的弹性、伸展性、黏性和松弛性。但是，疲劳训练往往造成肌肉的物理特性发生异变，同时严重影响神经过程的传导速度。因此，在疲劳状态下进行速度训练是速度素质训练的大忌之一。在疲劳状态下进行速度训练，极易引起慢速运动的动力定型，从而导致速度障碍的形成，进而造成速度素质发展停滞不前的不良后果，甚至严重影响速度力量、爆发力的发展。因此，应科学地进行速度素质训练。

（三）速度素质的训练方法

1. 外力训练方法

速度训练主要采用重复训练方法，但是像田径的100米、200米跑的训练以及游泳项目50米和100米的训练，可以采用外力牵引的训练方法。外力训练方法是指在速度训练中，运动员借助牵引力、顺风力、重力等外力进行速度素质训练活动的练习方法，如牵引跑、顺风跑、下坡跑等。外力训练方法的主要特点是：有利于提高动作幅度和频率，并易使神经肌肉系统形成快速运动的动力定型；有利于运动员在心理上形成快速运动的速度感，强化速度训练中快速运动的动作意识；有利于克服速度障碍，使运动员能够较快度过速度训练中的高原期状态；有利于运动员获得快速运动中肌肉收缩与放松交替进行的感受，使神经系统更精细地支配有关肌群。外力训练方法的不足之处是：运用过多容易淡化运动员完成运动技术的用力意识，因此，只能适当穿插应用。

2. 比赛训练方法

比赛训练方法是指在近似、模拟或真实、严格的比赛条件下，按照比赛规则和方式，以提高训练质量为目的的训练方法。比赛训练方法的主要功能是通过调动心理能量进行速度训练。外力训练方法的主要特点是：可以最大限度地动员人体生理能量和心理能量，使机体处于高度应激准备状态，这对于充分发挥机体体能作用具有十分重要的意义；可以使神经系统处于适宜的兴奋状态，有助于发挥神经过程兴奋与抑制的转换能力，并易使神经肌肉活动在竞赛条件下趋向协调化；可以使机体形成与竞赛环境相适应的内环境状态，从而产生与之适应的深刻反映。比赛训练方法的不足之处是：易使初级运动员产生心理紧张和动作紧张；过多采用此方法训练特别容易形成一定的速度障碍。因此，初级运动员在速度素质训练中应慎用此方法。

（四）速度素质训练的负荷安排

人们通常根据负荷时间、负荷强度来确定速度负荷等级。表 3-6 是图德·邦帕提出的一种速度训练负荷安排的等级依据。在发展速度素质时，应以发展以磷酸原系统为主的无氧代谢能力为目的。速度训练的运动负荷强度等级的划分，通常根据最佳运动成绩的百分比值来确定。这种计算方法以最大运动强度的最佳成绩为假设前提。例如，运动员 100 米的最佳成绩为 10 秒，最高速度为 10 米/秒，负荷强度等级为 6 级。值得特别指出的是图德·邦帕提出的等级划分可能对于田径运动、游泳运动和划船运动等短距离移动速度训练以及球类运动各种脚步变向移动速度的训练具有重要意义。但是，这种分类对于运动技术单一动作（如排球扣球技术、标枪掷枪技术）的速度训练的意义值得深入研究。

表 3-6　图德·邦帕的速度训练负荷安排的等级依据

负荷强度等级	速度能力百分比（%）	强度
6	＞100	超强
5	91～100	最大
4	81～90	次大
3	71～80	中等
2	51～70	低
1	＜50	很低

1. 反应速度负荷训练

反应速度由有机体神经系统反射通路的传导时间和肌肉产生收缩的潜伏期组成。反应速度可分两种，即简单反应速度和复杂反应速度。其中，简单反应速度是指人体对外界信号刺激迅速做出预定动作的应答反应；复杂反应速度是指人体对外界信号刺激迅速做出有选择的应答反应。

简单反应训练着重采用重复练习手段，要求运动员尽快对突然出现的信号做出反应。反应动作可采用任何预定动作，负荷安排应强度大、次数少。当运动员的反应速度得以巩固时，可以强化时间记忆训练，方法是：运动员每次练习后，从教练员处获得反馈，以形成时间记忆；然后进行时间判断训练，即与教练员实测时间进行比较，以感受其微细差异；最后进行动作的注意训练，即降低相关肌肉收缩潜伏期的速度训练。

复杂反应的训练相对复杂。严格来说，复杂反应的训练属于运动技术和战术训练的组成部分，是对抗性项群技术和战术训练的重要内容。复杂反应训练的核心是缩短思维过程的选择和判断时间。为此，练习时要特别注意加强对"预判"能力的培养，积极捕捉外在刺激可能出现的"隐式信息"，如对手姿势、面部表情等，积极训练应对各种变化的相应动作，并尽可能多地使运动员掌握应答动作的种类数量。复杂反应的训练往往与技术串联训练、衔接技术训练、战术配合训练、变相移动训练高度结合。复杂反应的训练通常是在运动员精力充沛的条件下进行的。复杂反应训练的应答动作是运动专项的技术动作的开始环节或启动动作。因此，复杂反应的训练负荷与动作负荷高度一致。

2. 动作速度的负荷安排

采用各种动作速度手段进行训练时，负荷安排要注意以下几点：动作应该是以最高速度完成的；练习负荷持续时间不要超过 30 秒，一般情况下在 10 秒左右即可；练习组数的安排应以不降低速度为原则；采用的动作应是练习者熟练掌握的，练习者应把注意力集中在完成动作的速度上；专门性动作速度练习应与专项比赛的动作结构相似，并接近比赛动作施力特点；科学安排抗阻力与无外阻力的训练方法。一般情况下，在进行抗阻力训练后，应及时进行无外阻力的训练；严格掌握间歇时间和休息方式，间歇时间的安排以不降低兴奋性并保持机体充分恢复为宜。同时要加强爆发力的训练。实验研究证明，爆发力的大小与动作加速度的变化呈正相关性。另外，动作速度训练应以速度训练为主，间歇时间应该充分。

3. 速度耐力负荷安排

速度耐力负荷安排的特点基本上类似短时耐力负荷安排的特点。不同的是，速度耐力的训练更强调维持人体最高运动速度这一要求，其着眼点在于如何提高人体达到最高速度后维持这一速度水平的能力。因此，在训练中应注意：必须使人体在进入最快速度状态后，再维持一段时间，该时间的确定以不出现明显减速状态为宜；适当进行次极限强度或大强度的负荷训练，以提高肌肉放松与收缩的交替能力，特别是提高机体在运动状态下肌肉交替放松的能力。速度耐力训练的负荷安排可参考短时耐力的负荷安排方式。这里必须强调的是适度的有氧代谢能力训练对于速度耐力的发展具有积极的作用。因此，在全年训练过程中适度安排一定比例的有氧耐力训练将有助于提高速度耐力。

（五）速度素质训练的基本要求

速度素质训练应体现专项运动特征，如短跑、游泳应着重提高听觉反应速度；乒乓球、排球应着重提高视觉反应速度；体操应提高触觉反应速度。速度素质训练应在情绪饱满、运动欲望强的情况下进行，因此，应安排在单节课的前半部。速度素质训练原则上应当采用极限负荷强度训练，但是速度耐力训练必须以一定的有氧代谢为基础，防止过早产生速度障碍。速度障碍产生的主观和客观因素很多，如过早发展绝对速度、基础训练不够、技术动作不合理、训练手段单调片面、心理感觉无新异刺激、负荷过度且恢复不好等因素都会导致这一现象产生。因此，应注意多采用一些发展速度力量的力量练习，培养运动员短时间内快速发力的能力。进行速度训练时应特别注意相关肌肉的收缩与放松的交替训练。

五、柔韧素质训练

柔韧素质是运动素质之一，是指人体各关节活动范围的大小、肢体运动的幅度及肌肉、肌腱和韧带等软组织的伸展能力。柔韧素质是一种重要的基本运动素质。生物学方面影响柔韧素质发展的主要因素包括关节骨的装置结构、关节周围组织的伸展性、肌肉纤维弹性。训练学方面影响柔韧素质发展的主要因素是训练方法、训练手段和环境温度等。柔韧素质水平取决于运动员关节的灵活性，以及韧带、肌肉的弹性和神经系统对肌肉的调节能力。

(一) 柔韧素质训练的影响因素分析

发展柔韧素质除对某些复合素质和其他基本素质的提高具有重大作用外，对于提高运动技术和战术水平也具有重大意义。实践中，判断运动员柔韧素质水平的方法是测量运动员做某一动作的幅度。柔韧素质对许多运动项目成绩的提高有着重要的影响，特别是对体操、技巧、跳水、武术等项目的意义更为突出，对球类、田径等项目亦有意义。此外，柔韧素质的良好发展将有利于避免伤害事故的发生。柔韧素质分为一般柔韧素质和专门柔韧素质：一般柔韧素质是指机体中主要关节活动的幅度，如肩、膝、髋等关节活动的幅度，一般柔韧素质对任何运动项目都有重要意义；专门柔韧素质是指专项运动所需要的特殊柔韧性，是掌握专项运动技术必不可少的重要条件，如武术项目"前踢腿"动作对髋部柔韧性有要求。

影响柔韧素质的生物学因素主要是关节骨的装置结构、关节周围组织的伸展性、神经过程转换的灵活性、外环境温度的适宜性。其中，关节骨结构是遗传因素决定的，训练无法改变，只能使人体柔韧性水平接近骨装置固有的最大限度；软组织的伸展性是影响柔韧素质的主要因素之一，从某种意义上讲，软组织的伸展性是动作幅度的约束因素，通过训练可以提高软组织的弹性、伸展性，从而使动作幅度扩大；神经过程兴奋与抑制转换的灵活性也会影响柔韧素质，灵活性好，神经系统对肌肉收缩与放松的调节能力就强，使肌肉紧张与放松的交替变换的协调性好；外环境温度也是影响柔韧素质的重要因素，外部环境温度直接影响着人体体表温度，人体体表温度适宜，有助于各个关节柔韧素质的充分体现。

(二) 柔韧素质的训练方法

柔韧素质的训练方法基本上可分两类，即静力拉伸法和动力拉伸法。在这两种方法中，又有主动拉伸和被动拉伸两种不同的训练方式，如图3-7所示。其中，静力拉伸方法是指通过缓慢的动作，将肌肉、韧带等软组织拉长到某一限度时，暂时保持动作静止，使软组织处于拉长状态的练习方法。静力拉伸方法的最大功能是使软组织的伸展性有足够长的时间得以锻炼。静力拉伸方法的主要特点是：练习简单易行，无须特殊器械，训练后练习有助于课后放松；练习强度相对较小，有助于节省体内能源，且动作幅度较大；可以避免产生牵张反射，发展肌肉伸展性的效果好，不易使软组织损伤。静力拉伸方法的不足之处是：如果采用此法练习过多，易使肌肉失去弹性，并对动力性技术动作要求的身体柔韧性产生不良的影响。

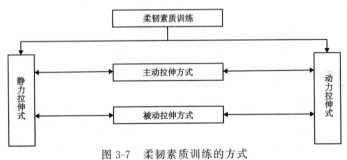

图 3-7　柔韧素质训练的方式

动力拉伸方法是指有节奏地通过多次重复同一动作的练习使软组织逐渐被拉长的练习方法。动力拉伸方法的最大特点是主动性拉伸时，肌肉张力变化的高峰值约为静力拉伸的两倍。动力拉伸方法的优点是：可以引起肌肉牵张反射，达到提高软组织的伸展性和收缩性的双重效果；有利于促进血液循环，改善局部组织营养，提高局部组织的弹性和质量；动作幅度大，可以不断冲击柔韧素质的极限水平，以扩大动作幅度。动力拉伸方法的不足之处是：如果训练不慎，极易引起肌肉拉伤。由于静力、动力拉伸法具有主动、被动练习方式，因此，进行被动拉伸练习时，动作幅度应大于主动拉伸的练习幅度；被动性拉伸练习（静止性）可安排在柔韧训练的准备阶段，也可安排在课后练习阶段；通常先进行被动拉伸练习，后进行主动拉伸练习。

（三）柔韧素质训练的负荷安排

柔韧素质训练的负荷强度一般较小，负荷强度的度量指标不同于其他素质，多以幅度指标说明。柔韧素质训练的负荷强度的幅度指标均以最大幅度为标准。在此强度下，机体的自我感觉应是肌肉具有一定的麻木感即可。一次课的负荷量宜为 50 ± 20 次，具体次数视关节部位而定，髋关节需次数多，踝关节则需次数少。进行动力性练习，每组练习 $10\sim12$ 次即可。在做静止性练习时，每组持续时间为 $15\sim30$ 秒。另外，练习中的间歇时间，应以运动员完全恢复为必要条件。间歇时间应安排肌肉放松练习，使有关关节得以充分放松。柔韧素质训练目前是篮球、足球、排球等项目的重要训练内容。通常，这些项目的运动员多以睡卧姿态，采用头脚两端反向运动的方式，通过主动或被动地扭曲身体来达到训练柔韧素质的目的。

（四）柔韧素质训练的基本要求

柔韧素质训练要与力量素质训练适当结合，这种结合不仅旨在保证两者素质同时增长，更重要的是可以避免或消除两者之间的不良转移。要特别注意柔韧性训练后的放松练习，使肌肉练得柔而不软、韧而不僵。柔韧素质训练应以专项要求为准。柔韧素质的最佳发展程度，不能以运动员争取达到骨骼装置确定的最大限度为原则。对多数运动项目来讲，柔韧素质发展到能够满足专项技术的需要即可，倘若发展过度，则易引起肌肉失去弹性的不良后果。柔韧素质训练应当坚持不懈地进行。柔韧素质的发展比较容易见效，一旦停止训练一段时间，其效果也易消退。因此，柔韧素质训练要经常进行。身材高大的运动员的柔韧素质训练的意义尤为重大，通常他们的柔韧素质训练应与协调素质训练相结合。

第三节　复合素质训练

根据运动机能的基本特征，可把运动素质分为两大类，即基本运动素质和复合运动素质。所谓基本运动素质是指具有一种运动机能特征的素质，或在某一方面的运动机能占主导作用的素质；所谓复合运动素质是指具有两种或两种以上运动机能特征的素质。当然，无论是基本运动素质还是复合运动素质，都不是孤立存在和表现的，而是既相互独立又紧密联系的。一般来讲，力量、耐力、速度、柔韧素质属于基本运动素质，灵敏、弹跳力则属于复合运动素质，各运动素质的关系如图 3-8 所示。

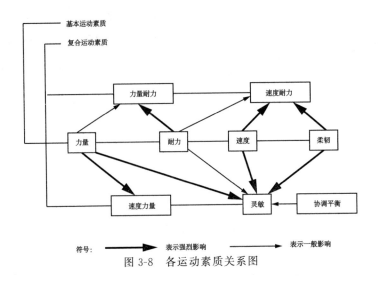

符号： ➤ 表示强烈影响   ➤ 表示一般影响

图 3-8 各运动素质关系图

一、灵敏素质训练

灵敏素质是运动素质之一，是指在各种突然变化的条件下，运动员能够迅速、准确、协调地完成相应动作的能力。灵敏素质是一种重要的复合运动素质，是各基本运动素质、运动技能和心理感知能力的综合体现，是所有技能类对抗性项群项目的核心运动素质之一，也是集体性运动项群运动战术形成所需的基本能力。衡量灵敏素质的标志主要是快速性、准确性、协调性和应变性。生物学方面影响灵敏素质发展的主要因素是神经过程的灵活性、时空判断的准确性、基本素质的影响性、运动技能的储备量、动作结构的合理性、气质类型的适宜性等。

(一) 灵敏素质的分类及各类灵敏素质之间的关系

衡量灵敏素质的标志主要是快速性、准确性、协调性和应变性。其中，快速性主要反映在运动员的反应速度、判断速度、动作速度、爆发力等因素上；准确性主要反映在运动员的时空判断、本体感受、肌肉用力的准确性上；协调性主要反映在运动员的平衡能力、模仿能力、技能储备数量等因素上；应变性主要反映在运动员能对各种外环境的突然变化具有较强预判能力和应对能力，这是灵敏素质区别于协调素质的重要标志之一。实践中，衡量灵敏素质的快速、准确、协调性的标准见表 3-7。灵敏素质是对抗性项群的主要运动素质，是掌握、完善高难、复杂技术和战术的物质基础，是正确运用战术、发挥战术功能的前提条件，也是应对意外事件的必备素质，因此应该高度重视对灵敏素质的训练。

表 3-7 灵敏素质特征及其构成因素

特征	因素
快速性	反应速度，判断速度，动作速度，曲线位移能力，爆发力
准确性	时空判断准确性，动作用力准确性，肌肉体感准确性
协调性	平衡能力，神经支配能力，模仿能力，运动技能储备量
应变性	预判能力，应对能力

灵敏素质可分为一般灵敏素质和专项灵敏素质：一般灵敏素质是指在完成各种复杂动作时所表现出来的适应外环境变化的能力；专项灵敏素质是指根据专项所需要的、与专项技术有密切关系的、适应外环境变化的能力。两者都是衔接技术的核心要素和关键能力，一般灵敏素质是专项灵敏素质的基础，因此，在实施专项灵敏素质训练前或过程中，绝不能忽视对一般灵敏素质的训练；专项灵敏素质是专项技术形成、熟练、运用的基础，由于它具有专项技术的特征，因此专项灵敏素质训练的本质是把一般灵敏素质转移到专项技术上。通常，以提高一般灵敏素质为目的的训练手段，都具有广泛性、普遍性和非技术性的特点；以提高专项灵敏素质为目的的训练手段，则具有专门性、特殊性和技术性的特点。

（二）灵敏素质训练的影响因素分析

灵敏素质训练的影响因素主要是指影响灵敏素质发展的生物学因素，主要包括神经过程的灵活性、时空判断心理特征、技能储备量、动作结构合理性、适宜的气质类型等。其中，大脑皮质神经过程的灵活性是决定灵敏素质水平的神经基础。神经过程灵活性高，兴奋与抑制过程转换速度快，神经系统对人体肌肉收缩、放松时机、用力程度的控制能力就高，动作的快速性、准确性、协调性就容易体现。人对时间、空间的判断能力是决定灵敏素质水平的心理基础，时空判断力强，灵敏素质在空间、时间上所表现出来的准确性就高；反之，时间、空间判断力弱，灵敏素质也不会很好。运动员的时空判断力具有明显的专项特点，因此，专项灵敏素质的发展必须以提高运动员的专项时间、空间判断能力为基础。

灵敏素质的基本因子是力量和速度。其中，爆发力、动作速度、反应速度、判断速度对灵敏素质的影响最大，因此，系统地提高运动员的基本运动素质会使其灵敏素质得到发展。运动技能储备量是指运动员掌握各种动作的数量和质量，运动技能储备量越多，灵敏素质体现的水平就会越高。灵敏素质主要体现在动作的快速、准确和协调上。动作结构的合理与否尤为重要，动作结构应符合解剖学、生物力学及专项技术的要求。灵敏性较强的人往往在气质上多属于多血脂及其亚型。此类气质的运动员多为感受性低、耐受性较高、不随意的反应性强，并具有可塑性和外倾性强、情绪高、反应快的特点。许多对抗性项群的优秀运动员都属于此气质类型。由此可见，选材也是影响灵敏素质的重要因素。

（三）灵敏素质的训练方法

1. 因素训练方法

因素训练方法是指根据灵敏素质结构中各类因素对灵敏素质的影响程度，从各影响因素入手，针对性地逐项进行训练或进行主项因素的训练，以在总体上提高灵敏素质的方法。因素训练方法的内容包括反应速度、判断速度、动作速度、速度力量、时间判断力、空间判断力、平衡能力、模仿能力、形象思维力和下肢脚步各种起动、移动、制动速度等，还包括躯干的各种转动、屈伸等合理性动作和上下肢、躯干的协调性动作。检查性测试是采用因素训练方法的前提。因素训练方法的特点是：训练内容的层次清晰，便于全面提高影响灵敏素质的诸因素；容易确定灵敏素质发展指标以便客观检查，评价灵敏素质的发展状况；可以有系统地综合训练，并易使基本素质有机转移到综合性灵敏素质上。

2. 综合训练方法

综合训练方法是指以若干或全部影响因素的各类动作为单元进行编排，在突然变化的条件下，让运动员迅速做出相应变化的组合排列方式的训练方法。综合训练方法最大的训练功能，是有助于提高应变能力，有助于提升衔接技术的质量，有助于强化变异组合下的各种运动技能。综合训练方法有在垫子上做各种横滚翻越动作，躲避连绳球体不规则旋转运动的横扫等。综合训练方法有助于提高身体的灵巧性。综合训练方法的特点是：可以按比赛规律训练，这样可使运动员熟练基本运动技术，提高专项衔接技术；可以促进运动技巧的形成，有助于提高灵敏素质；可以促进复杂反应能力的提高，使灵敏素质与运动技巧高度结合。在一定程度上，综合训练方法是把各种动作变异再组合的练习方法。

（四）灵敏素质训练的基本要求

灵敏素质是竞技能力中的复合素质，也是竞技体能训练的核心素质，更是所有对抗性运动技巧表现的关键要素。通常，灵敏素质体现为在重心失衡的情况下所表现出来的一种应答性的再平衡灵活状况。因此，灵敏素质训练前的准备活动十分重要。首先，必须做好全身拉伸练习，使关节韧带和肌肉组织得到充分拉伸，最大限度地扩大身体运动的动作幅度，以免在随后的灵敏素质训练中出现骨骼肌肉拉伤现象；其次，必须做好相应的协调性动作练习和动作速度练习，使灵敏素质的动作元素得到预热、预习，最大限度地调动神经系统支配肢体活动的能力；最后，将反应速度、判断速度、动作速度、时空判断、本体判断、平衡能力、神经支配、模仿能力、运动技能等因素融为一体进行训练。

灵敏素质的训练手段多种多样。各项竞技运动，特别是球类运动、格斗运动等，几乎都是在复杂的重心变化移动过程中完成灵敏素质训练的。实践中，这些手段的针对性是不同的，周期性、混合性和固定组合性训练是灵敏素质训练的基本手段，这些训练手段的目的主要是提高灵敏素质训练所需要的动作质量，进而提高灵敏素质的动作技能和动作速度；变异组合性的训练手段是灵敏素质训练的高级训练手段，这种训练手段往往需要与复杂反应速度和各自动作的变异串联结合起来，进而有目的地提高灵敏素质中的协调性、快速性和准确性。因此，灵敏素质训练需要有针对性地进行阶梯训练。

步法练习是灵敏素质训练的重点内容。一般来说，步法练习主要由并步、滑步、垫步、跨步、交叉步、前碎步、后退步、侧移步等步法组成。步法练习的基本形式可以说是多种多样。例如，梯形格内的快速交叉移动、快速并步移动等，米字格内的各种快速跨步、快速交叉步移动等，低台阶式的快速跑台移动、快速跨步移动等，都是步法练习的很好手段。在步法练习的初级阶段必须注意动作规范、身体姿态和脚步形态；步法练习的高级阶段必须注意掺入复杂反应速度训练、重心变化训练和不同方向的变化训练。只有将步法练习与复杂反应训练有机结合，将重心变化训练和方向变化训练有机结合，才能最大限度地锻炼灵敏素质动作技能的储备、动作元素的衔接、应答反应的速度、脚步移动的灵活等灵敏因子。

垫上练习是灵敏素质发展的有效途径。一般来说，垫上练习主要由各种滚翻练习和翻跃练习组成。采用垫上练习手段的目的主要是学习某些防守技术、提高防守技巧和学习自我保护动作。例如，排球运动的防守鱼跃救球动作、足球运动守门员的侧身腾空扑球动作和进攻队员的倒钩射门动作等，都需要在腾空甚至失去重心的情况下及时做出灵敏性的防守或进攻动作。垫上练习的初级阶段必须正确掌握各种垫上滚翻、垫上腾空翻跃等基本动作；垫上练习的高级阶段必须逐步加入一些信号变量因素练习，如教练员持有挂球的绳子或竹竿，在垫上进行随机横扫，运动员根据杆子、绳子、球体的横扫速度或高度的变化进行不同姿势的翻跃变化。

灵敏素质训练一般安排在训练课的前半部分，且训练时间不宜过长，练习次数不宜过多，应在运动员体力充沛、精神饱满、状态较好时进行。练习与练习之间要有足够的休息时间，练习与休息的时间一般控制在 1：3 左右为宜，否则达不到提高灵敏性的目的。对灵敏素质的训练应该不断地推出新颖的训练手段。这样做不仅有助于运动员掌握多种运动技能，而且有助于利用新的刺激提高运动员的复杂动作质量、复杂反应能力、重心动态平衡能力等，从而确保运动员储备更多的运动技能。发展灵敏素质的敏感期为 7～12 岁，发展反应速度与动作频率的敏感期为 5～11 岁，发展运动技能的敏感期为 8～12 岁和 16～18 岁。要把握儿童少年 7～12 岁发展灵敏素质的敏感期，将灵敏素质训练纳入体能和技能训练的核心任务之中。

二、弹跳素质训练

弹跳素质是一项重要的复合素质，是许多运动项目运动技术的重要基础。例如，篮球运动的急停跳投和空中扣篮、排球运动的扣球和拦网、羽毛球运动的底线扣杀、足球运动的门前头球等集体性球类项目的技术手段，都需要运动员具有超群的弹跳素质。另外，弹跳素质也是某些运动项目直接较量的比赛内容，如跳高、跳远和撑竿跳高，都需要卓越的弹跳素质作为技术基础。因此，强化弹跳素质的训练是许多运动项目高度关注的内容。

（一）弹跳素质的理论分析

弹跳素质是指人对地面施加力后克服引力腾空的能力，又称弹跳力。弹跳力也是一种复合素质，速度素质与力量素质是弹跳力的核心素质。弹跳素质对于跳跃性项目以及球类项目来说是一项非常重要的运动素质，对这些项目运动成绩的提高具有直接的作用。弹跳素质好，可在更远更高的基础上做出复杂的技术动作，亦可完善、创造难、新的战术。因此，许多项目把弹跳素质作为体能训练的重点内容。从弹跳力的定义可见，弹跳过程是指人蹬地使地面产生一个大小相等、方向相反的作用力，这个力使人体获得加速度，从而离开地面腾空而起。在这一过程中，蹬地的加速度越大，人体离地的加速度越大，人体腾空的高度就越高。这样的弹跳高度是由物理学原理中动能与势能的转换规律所定的。

根据"作用力同时存在并同时消失，其大小相等、方向相反"的力学原理，人体离开地面的加速度越大，人距地面的高度也就愈高。如果借助上体与手臂的合理运用，人体会跳得更高、更远。在弹跳训练中努力提高相应肌群收缩速度，努力改善弹跳动作结构，是提高弹跳素质的关键。弹跳力是一种反弹性爆发力，反弹性爆发力则是在努力发展肌肉被迫拉长转入缩短收缩速度的前提下，通过逐渐发展肌肉最大张力和力量来提高的。这是弹跳训练的基本依据。因此，弹跳训练必须围绕三个目的：一是提高肌肉被迫拉长转入缩短收缩的速度；二是提高肌肉被迫退让收缩的张力；三是提高肌肉克制性收缩的速度。因此，弹跳素质训练内容主要有最大力量、速度力量、弹性抗阻、超长收缩等。

（二）弹跳素质的训练方法

1. 最大力量的训练方法

最大力量训练方法主要采用深蹲力量、半蹲力量和负重提踵等练习手段。练习动作必须符合生物力学动作原理。负荷安排方式是：充分做好最大力量训练的准备活动；逐渐递增负荷强度、负荷次数，负荷次数通常每组安排 5～8 次；负荷强度增至 85％以上的有效负荷强度区域时，负荷强度应由85%以上逐渐递增至95%以上，并回调至85%左右，其间的有效负荷强度区域的练习组数通常为8~10组，每组5~10次（随着负荷强度变化逐渐减少或递增）。每组间歇必须安排适度的台阶跳跃或双摇跳绳练习。安排适度的台阶跳跃练习的目的是通过台阶跳跃练习提高肌肉的克制性收缩速度，安排适度的双摇跳绳练习的目的是通过跳绳练习提高肌肉的被迫性退让收缩能力和放松协调能力。

2. 速度力量的训练方法

弹跳力所需肌群主要是伸膝肌群、屈足肌群、腰背肌群、伸髋肌群等。一般而言，弹跳力的速度力量训练必须采用负重练习手段。速度力量的练习动作，同样必须符合生物力学动作原理。负荷安排方式是：充分做好速度力量训练的准备活动；速度力量练习前的准备活动必须进行被动拉伸练习；深蹲力量、半蹲力量和负重提踵练习动作的负荷强度主要安排在80%~85%之间，负荷次数通常每组安排5~8次即可。在速度力量练习的每组间歇也必须安排目的同上的台阶跳跃，或双摇跳绳练习等。在抓举杠铃、高翻杠铃、后甩壶铃或负重后仰练习时，必须根据动作结构安排负荷强度。速度力量训练的目的是提高速度，因此以损失速度为代价的训练是速度力量训练的大忌。

3. 弹性阻力的训练方法

弹性阻力的训练方法是指采用橡皮带、测功仪（赛艇运动器材）等具有弹性阻力性质的器材进行训练的方法。传统力量负重练习主要对动作发力角度的各个肌群的刺激作用较大。由于物体运动的惯性使然，发力角度过后的各个相关肌群受到负荷刺激的作用较小，发展弹跳力所需的许多小肌群没有得到充分训练，橡皮带、测功仪的使用恰恰对相关小肌群具有独到的训练作用。例如，在杠铃架的杠铃两端各挂上橡皮带，当杠铃上移时橡皮带拉紧，这样在整个动作过程中相关肌群都能获得良好的刺激。测功仪是一种集功率测试和力量训练于一体的器材，是一种典型的阻力练习工具，该工具对于躯干、臀部和伸膝肌群的大小肌群都有持续性刺激作用，所以适当采用橡皮带、测功仪训练可以弥补其他手段的不足。

4. 各种跳跃训练方法

跳跃是弹跳训练最为直接的手段。按照跳跃时相关肌肉的收缩类型来看，跳跃动作可以分成两类：一是肌肉等张收缩下的跳跃动作，二是肌肉超等长收缩下的跳跃动作。前者的代表性动作是原地跳远，后者的代表性动作是跳深练习。肌肉超等长收缩力量训练又称为"超长收缩训练"，是指肌肉先做被迫离心式拉长，继而迅速进行向心式收缩的一种复合式收缩形式。采用肌肉超等长收缩训练方法的目的是：利用肌肉的弹性、收缩性和牵张反射性，动员更多的运动单位参加收缩，以产生更大的肌肉收缩力。跳深一类的跳跃练习可以更强烈地刺激肌肉，可以显著地提高肌肉被迫退让收缩时的抗拉力和转入缩短收缩的收缩力。当然，如果此法采用不当，则极易导致肌纤维拉伤。因此，训练前务必做好全身性的准备活动。

（三）弹跳训练的基本要求

弹跳训练必须常年坚持。弹跳训练需要制定多年规划和全年计划，并确定好每一阶段的训练重点，而不能搞突击。一般情况下，冬训阶段弹跳训练的比重较大，竞赛阶段可适当减少。对于初级运动员来说，弹跳训练的重点首先是速度，其次是力量，再次是耐力；而对高级运动员来说，训练的重点首先是力量素质，其次是速度和耐力素质，必须科学安排负重训练。初级运动员在选择训练手段时，应首先采用徒手跳跃手段进行训练，然后逐步采用负重力量练习手段；而高级运动员则应重点进行各种有关弹跳的力量训练，兼做徒手或负重式的跳跃练习。双臂摆动的速度与协调对于弹跳高度的贡献率为 15％，因此，掌握多种跳跃动作是十分必要的。伸膝、屈足、腰背、伸髋肌群是弹跳过程中的主要动作。

第四节　运动素质多维转移

运动素质多维转移是运动训练过程中客观存在的现象，这是因为运动素质中的各种基本素质如力量、耐力、速度、柔韧等素质并不是孤立存在和独立发展的，它们之间具有不同程度的联系，相互影响、相互促进和相互制约。因此，某一运动素质在发展的同时，都会或多或少地影响其他素质的发展。例如，通过速度训练可以提高肌糖原储备和无氧代谢能力，其结果不仅有助于提高速度素质，还会促进速度力量素质、速度耐力素质和灵敏素质的提高。

一、运动素质多维转移定义

运动素质的多维转移是指某一素质及其因子的发展，可影响另一素质及其因子的发展。它们在时空方面反映的运动机能，从本质上说，都源于肌肉的收缩活动。而肌肉的活动是在中枢神经系统的控制下，以各种运动器官为物质条件，以各个系统的协调作用和体内产生的相应的生理变化和生化变化实现的。运动素质的多维转移是运动训练过程中经常遇到的实际问题，也是一个很重要的理论问题。转移效果是否良好关系到主要运动素质发展的促进与制约。决定转移效果的关键因素有两点：一是各种运动素质之间本质联系的相关程度；二是处理运动素质相互关系的辩证能力。也就是说，转移是有条件的，是有其内在规律的。科学地认识这一规律并能动地运用这一规律进行训练，就能取得事半功倍的效果。

二、素质之间的关系转移

（一）力量素质与速度素质具有高度的正相关性

长期系统的速度素质训练不仅可以提高速度素质，还可以提高力量素质；长期系统的力量素质训练，同样可使肌肉中高能物质的储备量显著增加，白肌纤维肥大，收缩蛋白质增加，从而有利于速度素质的提高。但是，力量素质与耐力素质之间却是既互为促进又互为约束的关系。力量素质的最大肌力、爆发力、力量耐力的发展，在一定程度上有助于提高短时耐力素质，但并不利于长时耐力的发展。长时耐力的训练并不能促进力量素质，尤其是最大力量素质的提高，甚至在一定程度上会限制力量素质的发展，对发展爆发力极为不利。力量素质与耐力素质两者的关系会随着耐力负荷时间的递增逐渐呈现负相关性。

（二）速度素质与耐力素质之间具有一定联系

通常，速度素质与短时耐力的正相关性较高，与中时耐力关系一般，与长时耐力则为负相关关系。因此，速度素质的发展有助于短时耐力的发展，但长时耐力的过度发展不利于速度素质的提高。

总之，力量素质与柔韧素质之间的关系并不密切。在适宜的范围内，软组织伸展性的发展并不影响肌肉收缩性的提高。但是，两者中任一素质的过度发展则极易限制另一素质的提高。在这一点上，柔韧素质的过度发展对力量素质提高的约束性更为明显。这是因为过度发展柔韧性会使肌肉失去弹性，进而影响肌肉的收缩性，从而限制了力量素质的提高。基本素质与复合素质之间的关系前文已述。复合运动素质的发展有赖于基本运动素质的提高和发展。

（三）中时耐力与长时耐力之间具有紧密关系

中时耐力的时间跨度为1～8分钟，长时耐力分为3个级别：当持续负荷时间8～15分钟范围内为长时Ⅰ级耐力；持续负荷时间在15～30分钟范围内为长时Ⅱ级耐力；持续负荷时间在30～90分钟范围内为长时Ⅲ级耐力。中时耐力和长时耐力都需要稳定的神经过程、较高的糖原储量、较强的氧利用率、较多的红肌纤维、较强的负氧债能力等。因此，中时耐力和长时耐力的合理搭配训练，对持续负荷时间为1～8分钟和8～15分钟的项目具有高度的影响性。中时耐力的力量训练有助于提高中时耐力项目所需的力量素质和速度素质，长时耐力的有氧训练有助于提高中时耐力项目所需的有氧代谢水平。这就是为什么从事8～15分钟的中长距项目的运动员能在1～2分钟的中短距项目表现突出的原因。

从上述基本运动素质间的关系可以看出，实践中各素质间的转移可分为良性转移和不良转移。良性转移是指某一运动素质的发展可以促进另一种运动素质的发展。例如，短跑运动员训练时，常常采用发展快速力量的手段，其目的是通过提高运动员的动力性力量促进速度素质的发展。再如，网球运动员进行腰背力量、上肢力量、腕部力量的适度训练，对提高发球挥拍速度和力量均有积极的促进作用。不良转移是指某一运动素质的发展对另一运动素质的发展会产生不良影响。例如，柔韧素质发展得不适当会影响到力量素质的提高；过度的耐力素质训练会影响短距速度最大力量和爆发力的发展。因此，深刻认识到不同运动素质的发展基础，是防止不良转移现象产生的重要理论依据。

第四章 现代运动技术和战术训练研究

第一节 运动技术训练

一、运动技术概述

（一）运动技术动作要素

运动技术是指在竞技环境或比赛中，能合理、有效、充分地发挥运动员身体能力的动作方法。竞技运动的运动技术内涵具有三层意思：首先，强调运动技术的表现性是在竞技的环境中或在比赛环境中展现出来的；其次，运动技术的合理性主要表现为动作符合人体运动的生物力学原理和比赛规则；最后，运动技术的有效性主要表现为能最大限度地发挥人体潜在的运动能力，并使之转化到运动成绩上去。显然，运动技术属于"操作性"技术。具体地说，运动技术就是运动员操控身体或器材的身体运动的技术。运动技术与运动技能、身体动作、运动技巧密切相关。运动技术的初级特征或许就是一种身体动作，但是运动技术的高级特征则是一种运动技巧。

运动技能具有广义和狭义之分。狭义的运动技能主要是指竞技运动的基本活动能力，如走、跑、跳、投等。对于身体动作，可以认为所有非竞技环境下的身体练习都是动作练习。例如，没有对抗的篮球投篮训练只能称为"投篮动作训练"，不能称为"投篮技术训练"，区别两者的标志就是"实战环境"要素。运动技巧是运动技术发展到高级阶段的技术形态和艺术表现。运动技巧的特征是动作环节连贯、有意注意集中、动觉感受灵敏、技术结构稳定、能量消耗减少、应变能力较强、外在表现轻松。显然，运动员只有获得运动技巧，才能在比赛环境下得心应手。实践证明，基本技能储备得越多，运动技术和运动技巧的形成就越快、越好。狭义的运动动作、技能、技术、技巧的递进关系如图 4-1 所示。

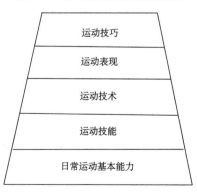

图 4-1 狭义的运动动作、技能、技术、技巧的递进关系

运动技术的动作要素是指构成技术动作不可缺少的各个因素。运动技术的动作要素包括身体姿势、动作轨迹、动作时间、动作速率、动作速度、动作力量和动作节奏等。这些因素在任何动作中都是普遍存在的。从结构上讲，运动技术是运动学特征和动力学特征的总和，如图 4-2 所示。概括起来说，运动技术由五类动作特征要素组成，即空间特征动作要素、时间特征动作要素、时空速度特征动作要素、动力学特征动作要素等。其中，空间特征动作要素、时间特征动作要素、时空速度特征动作要素属于运动学特征要素；动作力量特征动作要素、时空力量特征动作要素属于动力学特征要素。解析运动技术的动作要素，主要依托科学掌握分析运动技术的原理。

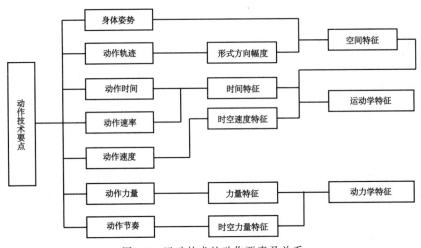

图 4-2　运动技术的动作要素及关系

空间特征动作要素包括身体姿势和动作轨迹。其中，身体姿势是指在动作过程中，身体或身体各部分所处的状态及身体各部位在空间所处的位置关系，可分为开始姿势、动作进行过程中的姿势和结束姿势。动作轨迹是指在做动作时，身体或身体某部分所移动的路线，包括轨迹形状（直线、曲线、弧线等）、轨迹方向（前、后、左、右、上、下）和轨迹幅度（长度、角度）。时间特征动作要素包括动作时间和动作速率，其中，动作时间是指完成动作所需要的时间，包括完成动作的总时间（完成动作所需的全部时间）和各个部分的操作时间（完成动作的某一环节所需要的时间）。动作速率是指在单位时间内重复同一动作的次数。认识运动技术空间特征和时间特征是运动技术科学训练的基础。

时空速度特征动作要素主要是指动作速度。动作速度是指单位时间内身体或身体某部分移动的距离。动作速度包括平均速度、瞬时速度、初速度、末速度、角速度和加速度等。动力学特征的动作要素主要指动作力量，包括用力的方向、用力的大小和力的作用点。动作力量是指完成动作时身体或身体某部分克服阻力所用力的大小，是人体内力和外力相互作用的结果。时空力量特征动作要素主要是指动作节奏。动作节奏是指完成动作过程中的时间特征，包括动作用力的变化、动作时间的间隔、动作幅度的变化、动作速度的快慢等。通常，动作节奏是促使运动技术转向运动技巧的主要因素。换言之，动作节奏是判断运动技术娴熟与否、运动技巧形成的程度的一项重要标志。

（二）运动技术的动作结构

1. 运动技术的基本结构

运动技术的基本结构主要是指单一性或周期性的运动技术的动作结构，如田径运动的跑、跳、投等以及球类运动基本技术的动作结构，都属于运动技术的基本结构。运动技术的基本结构的特征是具有完整的动作过程。运动技术的基本结构均由三部分内容组成，即技术基础、技术环节和技术细节。各个要素的内容如图 4-3 所示（以篮球急停跳投技术为例）。其中，技术基础是指按一定顺序、路线、节奏等要素所构成的技术基本部分。技术环节是指组成技术动作过程的各个部分，是组成技术动作的基本单位。如以篮球扣球为例，准备、助跑、起跳、腾空、击球、落地等环节构成了扣球技术。技术细节是指在不影响动作结构的前提下，技术动作所表现出来的应变性的微调技术。技术细节掌握得越合理，完成动作的效果就越好。

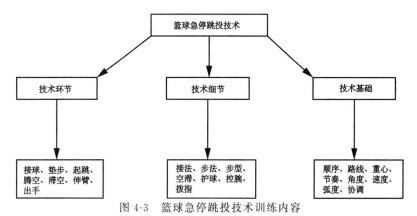

图 4-3　篮球急停跳投技术训练内容

一般来讲，运动技术环节与技术动作练习高度相关，运动技术基础与动作技能储备高度相关，运动技术细节与运动技巧程度高度相关。因此，运动技术基础、运动技术环节是运动技术学习的重点。但是，运动技术细节是运动技术应用的重点。由此可见，掌握运动技术细节是高级训练阶段的重点。运动员对运动技术细节的掌握水平，完全取决于运动员对技术动作各个环节作用的认识水平，同时受心理素质、运动素质、技能水平和运动经验等各方面因素的影响。另外，人体的动作是身体各关节之间发生位置变化的结果。骨骼是动作的杠杆，关节是动作的枢纽，肌肉是动作的动力。因而运动技术训练的前提是全面研究其动作要素，确定影响技术的主要因素，并以此明确解决问题的主要训练手段。

2. 运动技术组合结构

运动技术组合结构是指由若干独立的技术动作联结组成的集合，又称为"组合技术"。运动技术组合结构分为固定组合结构与变异组合结构两种。运动技术固定组合结构主要是指若干独立的技术动作之间的联结动作、方式、顺序是单一选择并且相对固定的，一般又将固定组合结构的技术组成称为"套路"。例如，体操、艺术体操、跳水、蹦床、武术套路、花样滑冰、花样游泳等项目组合技术的动作，就是典型的运动技术固定组合结构。运动技术变异组合结构主要是指若干独立的技术动作之间的衔接方式、顺序是多项选择并且随机应变。例如，篮球、排球、足球、手球、水球、冰球、曲棍球等项目组合技术的动作，就是典型的运动技术变异组合结构。两种技术动作结构的组合具有本质差异。

固定组合结构的技术组合关键主要体现在组合技术内部联结的编排方式和衔接质量上。通常，固定组合结构的编排方式和衔接质量尤其强调难度、准确、协调和稳定，技能类健美性项群的技术组合的动作结构均属此类。固定组合结构的动作编排是自由体操、艺术体操、武术套路、花样滑冰、花样游泳等项目设计和训练的重点。例如，目前女子体操多采用相对较少的舞蹈动作和相对较多的技巧动作，从而构成一套高价值的 A 分动作，这是女子自由体操编排选择的总体特征。当然，一套高价值的 A 分动作组合编排仅是取胜的基础，组合的完成质量仍是制胜的关键。因此，重视固定组合结构的编排方式和衔接质量至关重要。为此，必须强化固定组合结构的动作编排方式和衔接训练质量。

变异组合结构的技术组合关键在于组合技术内部联结的应变方式、串联和衔接的质量上。通常，变异组合结构的应变方式、串联质量和衔接质量十分强调正确、快速、准确、灵敏和变化，技能类对抗性项群的技术组合的动作结构均属此类。其中，串联是指集体性球类项目按照竞技规律，在激烈的对抗之中，由若干队员将两个或两个以上技术合理地连接成为攻防及其转换形式。例如，篮球的后卫传球—中锋策应—前锋投篮，就是一次进攻串联，或称为进攻技术串联。在这一技术串联过程中，后卫、中锋和前锋都有若干技术选择及应变。衔接则是指个人的两个基本技术之间的连接技术，是技术串联的纽带。变异组合结构的技术串联和衔接技术，对于培养运动员的战术意识十分重要。

二、运动技术分析

(一) 技术分析的基本方法

技术训练的前提条件是掌握正确的运动技术。正确的运动技术是理想的动作模式，是在运动实践中发展、检验和提炼的结果。运动技术分析是技术教学与训练过程中的重要环节，是技术诊断、评价和创新必不可少的重要手段。技术分析要从合理性、实效性、优化性和个体性等原则出发。一般地说，运动技术分析以理想动作模式为标准，分析者必须熟悉具体的动作结构并具有一定的技术动作经验。换言之，分析者不仅要了解动作结构及其要素，而且要懂得动作过程及其变化，同时能够正确认识技术要素之间的相互关系。唯有如此才能在观察和分析中有目的、有步骤、有标准地进行对比，才能发现问题和解决问题。技术分析方法主要由技术观察、结构分析、统计分析等方法组成。

技术观察法可分为简单观察和复杂观察两种方法。简单观察是通过临场观察运动员的动作过程，与自己的动作概念、经验比较后，迅速做出判断；复杂观察则是借助录像和其他器材，通过反复观察、反复比较后做出精确分析。结构分析主要采用生物力学方法。结构分析方法通常是以现场采样、实验室里解析的手段实现。分析的目的主要是经过测试、计算过程，揭示技术动作的力学特征，也可结合肌电分析方法，通过肌电观察动作过程中肌肉做功的时间、方位、程度、顺序等，发现问题和解决问题。统计分析是一种从比赛和训练质量角度进行技术分析的方法。统计分析法的分析内容通常包括技术动作的次数、强度、质量和效果。这种经过统计分析后所得出的定量结果具有可靠性、简易性和一定的时效性。

(二) 技术分析的方法要素

技术分析的方法与分析的内容要素可归纳为两个方面，如图 4-4 所示。应该说生物力学的分析方法的科学性更强、结论更为准确。但是来自实践的经验表明：单纯从事力学理论研究或实验的工作者，如果不熟悉人体解剖知识和专项技术动作，有可能得出错误结论，甚至误导训练方向。实际上，运动生物力学是一门实践性很强的学科。基础训练阶段的技术形成和高级训练阶段的动作配合（如划船划艇训练、双人高台跳水）都要以生物力学分析方法为基础。近年来，从事该领域的研究人员基本采用高速摄影机、三维测力台和肌电仪等综合性器械，通过微机处理，使运动学参数、动力学参数、肌电学参数和人体测量学参数的数据采集和处理能力大大增强，从而提高了技术动作分析的科学程度。

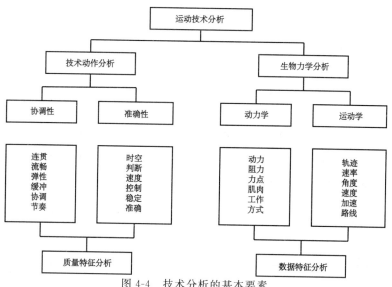

图 4-4　技术分析的基本要素

　　运动技术动作的分析是通过分析运动员技术动作的要素体现出来的。其中，身体姿势决定着人体完成运动及用力时的身体状态，也决定着力的相互作用状态。因此，它对运动技术动作的效果能够产生重要影响。身体和肢体位移的运动学特征，是衡量运动技术动作的质量和运动形态的重要依据；身体和肢体位移的动力学特征，更是衡量运动技术动作的质量和动力效果的重要依据。技术动作的速度变化取决于运动员爆发力的大小或力的变化速率，而身体运动的方向和路线则取决于运动员用力方向的正确性。运动时技术动作各个要素的相互配合更是技术分析的重点。技术动作各个要素的结合形式与用力顺序，直接决定着身体各环节能量的传递或集中效果。因此，必须高度重视技术动作要素的组合与匹配。

　　（三）技术学习阶段的特点

　　技术形成需经三个阶段，即粗略形成技术阶段、改进提高技术阶段、巩固熟练技术阶段。其中，粗略形成技术阶段的特点是：大脑皮质神经过程的暂时性联系处于泛化阶段，兴奋过程扩散而内抑制不强，心理和生理能量消耗较多；动作不协调，人体自控能力低并伴随多余动作。改进提高技术阶段的特点是：大脑皮质神经过程的兴奋与抑制处于分化阶段，兴奋相对集中，内抑制逐步发展，初步形成了技术动作的动力定型。改进提高技术阶段的动作表现是多余动作逐渐消除，整个动作连贯协调，能量物质逐渐节省。巩固熟练技术阶段的特点是：大脑皮质兴奋过程高度集中，内抑制加强，牢固形成了基本动作的动力定型；动作表现省力、轻快和准确且富有节奏感，技术应变能力强并达到自动化的程度。

教练员在指导运动员进行技术学习与训练时，必须根据运动员运动技术形成过程的三个阶段特点确定训练重点。一般来说，粗略形成技术阶段的训练重点是：明确动作规格，掌握动作环节，打下技术基础，建立动作表象；此阶段着重采用分解教学法和完整教学法进行教学。改进提高技术阶段的训练重点是：促使动作表象清晰化，消除多余动作，熟练掌握动作要点；此阶段一般采用完整法练习，并辅以重复练习法进行训练，同时积极运用语言、直观方法，揭示动作的内在规律，解决技术中的难点。巩固熟练技术阶段的训练重点是：巩固技术动力定型，强化动力传递效率，熟悉技术细节；此阶段一般采用完整训练、重复练习法，并辅以变换练习法进行训练，旨在提高技术动作关键环节的功效。

三、运动技术训练的方法和要求

（一）运动技术训练的方法

1．直观法

在运动技术训练中，直观法是指借助运动员的各种感觉器官，使运动员建立起对练习的表象印象，获得感性认识，从而帮助运动员正确思维、掌握和提高运动技术水平的一种常用的训练方法。运用直观法时，需要注意以下三方面：

（1）把运用直观法和启发大学生运动员的积极思维结合起来。

（2）根据具体条件和可能，广泛利用各种直观手段。

（3）对于大学生运动员可多使用电影、录像和示范等直观手段。

2．语言法

语言法是指运用各种形式的语言指导学习和掌握技术动作的训练方法，主要作用在于帮助运动员借助语言明确技术动作的概念，纠正错误动作，提高技术水平。在运动技术训练中，语言法是常用的训练方法。讲解是语言法的主要手段，讲解应力求目的明确、通俗易懂、精简扼要、富于启发性，并要注意讲解的时机。

3．减难法与加难法

减难法是指在技术训练中以低于专项要求的难度进行的训练方法，如在跳远训练的踏跳练习中，以弹簧板代替踏跳板。此种方法适用于技术初学阶段。在技术训练中，以高于专项要求的难度进行的训练方法为加难法，如在足球射门技术训练中限制球门的宽度，以此增加训练难度。此种方法在具有一定水平的大学生的运动训练中才适用。

4．想象法与表象法

想象法是指在练习前通过对技术要领的想象，在大脑皮层中留下技术痕迹，然后在练习中激活这些痕迹，从而使技术动作完成得更顺利、更正确的一种训练方法。想象法的运用要与各种感觉相结合，即在头脑中对技术动作进行想象的同时同步地与各种感觉结合起来，将头脑中的想象变成运动器官的操作性活动。所以，这种方法对运动员的抽象思维能力要求较高。表象法又称念动法，是指运动员在头脑中通过对过去完成的正确技术动作的回忆与再现，唤起临场感觉的训练方法。表象法训练，可以通过多次动作表象，提高运动员的表象再现和表象记忆能力。该方法能使运动员的注意力集中于正确的技术要求，有利于提高运动员的心理稳定性，进而促进其对技术的掌握。

（二）运动技术训练的基本要求

1. 处理基本技术和高难度技术的关系

基本技术是从事各个运动项目的基础，扎实的基本技术训练是运动员保持常高峰年限的重要条件。每个优秀运动员都进行过长时间的、系统的基本功训练。基本功训练到一定阶段，就要调整目标，向高难度技术进行挑战。难美类主导项目，对高难度技术要求更高。例如，我国跳水队在奥运会上取得成功的经验之一是，在训练中发展难度动作。在国际竞技健美操的比赛中，我国选手的难度动作的难度系数是相当高的，完成的质量高又体现出运动员扎实的基本功底。扎实的基本功可以让高难技术的发展速度更快，形成独有的绝技与风格。根据各个运动项目的技术特点、对象和训练阶段的具体情况，长期系统地抓基本技术训练，努力掌握高难技术，让基本技术和高难技术有效结合，才能不断提高技术的训练水平，创造优异的运动成绩。

2. 处理好特长技术与全面技术的关系

不同的运动项目存在着特长技术和全面技术。特长技术是指在运动员所掌握的技术"群"中，那些对其获取优异运动成绩有决定性意义、能够充分展现个人特点或优势、使用概率和（或）得分概率相对较高的技术。全面技术是指组成专项运动的各个动作技术之间有着内在的联系，相互促进、相互影响，同时要求运动员要全面掌握组成专项运动中的各项技术动作。

在特长技术训练中，对一些技术仔细雕琢，已经成为运动员在比赛中获得高分的主要手段之一。技术全面对发展运动素质，提高运动成绩有重要的意义。所以，两者的有机结合可以有效提高训练的效果。研究指出，高水平的田径运动员都有与其自身运动能力相适应的特点，发挥自身特长的技术特点，使得高水平运动员能够在某一项目上达到世界高水平。例如，世界著名男子跳远运动员鲍威尔、刘易斯，他们助跑时的步长与步频的关系处理、起跳的风格、起跳腿膝关节角度的变化等方面，都存在着很大差异。依据这些差异，在技术训练的过程中，教练员要有意识地培养运动员发挥其个人技术的专长。

技术全面更不能忽视掌握重点技术。在技术全面掌握的基础上，要有针对性地精练几种重点技术。重点技术的良好发挥是要靠全面技术作保障的，相反，能够系统地掌握和发挥全面技术是离不开重点技术的依托的。重点技术应从三方面来确定：①该项运动中带有关键性技术（如篮球的投篮、足球的射门）；②根据比赛分工的需要（如足球守门员的扑、打、滚翻、接球等技术）；③根据运动员个人特点，有利于发挥特长。

在进行全面技术训练的同时应抓重点技术，如重视训练中专项关键性技术、分工技术、运动员特长技术等。在大力着手于特长技术训练的同时，更不能忽略全面地掌握专项运动中的各项技术这一重点。其原因有两方面：第一，在专项运动技术动作群中，各种技术动作之间往往有着密不可分的内在联系，起着相互促进、相互影响的作用，我们把这种作用称之为运动技术的转移。一个看似没有必要掌握和了解的辅助性技术，可能会影响特长技术水平的发挥。运动技术的"转移"有两种情况，即前摄效应和后摄效应。前摄效应指前一动作对后一动作产生的影响，后摄效应则反之。例如，先做侧手翻再做侧空翻，前者就会对后者动作产生积极的前摄效应，因为这两个动作都是在同一平面绕同一轴翻转且动作结构相类似。侧空翻技术掌握之后，反过来再做侧手翻就容易多了，这是侧空翻对侧手翻的后摄效应。因此，在系统训练运动技术的过程中，应充分发挥技术间的正转移，这样更有利于加快专项技术动作的掌握。第二，在运动竞赛中，技术是否合理是保证特长技术能否发挥的重要条件。有时运动员运动成绩的决定因素是水平较低的技术而不是较高的技术（特长技术）。即运动员技术系统（技术群）在竞赛中所能发挥出的整体效应有时要服从"木桶原理"。所以说，随着运动训练实践发展的需要，在平时训练中应要求运动员的特长技术和全面技术两者有机结合。

3. 处理规范化与个体差异的关系

合理、规范和实用是所有运动技术都具有的特性。科学合理的运动技术必须符合力学和生物学的原理和规律。所以运动技术应该是具有一定规范的，主体上是统一和一致的技术。技术规范是一种理想模式下的技术规格，是人们在技术训练时依据科学原理和技术而总结的必须遵从的模式化要求。因为要符合技术规范提供的某些共性的标准，所以强调技术合理、规范和实用是所有运动技术都具有的特性。科学合理的运动技术必须符合力学和生物学的原理和规律。

在运动员儿童、少年时期的技术训练的初级阶段，必须强调技术的规范化，还要重视个体的差异。因为某些特定的时期，一些运动员并不能同时具备一些必要特征，运动员的技术动作也很难完全符合技术规范的要求。因此，技术规范也只能为技术训练提供一些准则，指明一个基本的方向，而不可能深入到每名运动员的技术细节中去。

技术规范的模式并不是一成不变的，各种技术要素之间互为依托、相互补充，运动员不同的个体条件也对其专项技术产生极大的影响。由于运动员在技术训练中存在个人特点（即个体差异），在技术的掌握过程中，也许一些不符合技术规格的动作但对其本人的练习与进步确实是有效的。所以在技术训练中除必须要求运动员按技术规格练习外，还应注意运动员的个人特点。

4. 处理循序渐进与难点先行的关系

在训练内容安排和训练方法手段的选择过程中，一般都要服从"学习—提高—巩固—再学习—再提高—再巩固"的程序。各个技术的组成部分之间都有其自身的内在联系，要充分认识和利用这种内部存在的固有联系，沿着由低到高、由易到难的顺序练习，从而促进运动员打下坚实的基础。同时，现代运动技术训练实践的发展告诉我们，上述教学顺序也不是一成不变的唯一模式。在某些条件或情况下，"难点先行"，即"先难后易""先深后浅"等模式，同样可以获得好的效果。

5. 处理合理的内部机制与难点先行的关系

合理的内部机制，指运动技术在工作时要符合运动解剖学、运动生理学所指明的神经肌肉工作原理，运动技能形成的心理学原理和运动技能要具备正确的外部形态，其意义表现在以下几个方面。

第一，外部形态和内部机制交互影响。在技术动作掌握的开始阶段，正确的外部形态对技术、技能的进一步形成具有重要意义。具有正确的外部形态技术，可向中枢神经系统发出对完成练习比较适宜的神经冲动，这种神经冲动顺利到达有关的神经和肌肉部位，会加快肌肉协调能力及动作力量、速度、耐力等方面的发展。

第二，对于技术的外部形态，通常用运动生物力学方法来描述，如运动的轨迹、幅度、加速度、打击点、打击力量等。同时可以通过以上指标来描述技术动作在经济性和实效性等方面的特征。

第三，"技术美"在很大程度上是通过外部形态来体现的。特别是在表现难美项群的项目中（如体操、花样滑冰、水中芭蕾等项目）更是如此。特别要指出的是，体育教育专业的学生在学习和训练动作时，更要注意正确的外部形态，以便在走上工作岗位后可以正确地示范，给学生带来积极影响。

6. 注重技术风格的培养

技术风格是指某运动员或者运动队的技术系统区别于其他的运动员或者运动队的技术系统的、较为成熟和定型化了的、经常表现出来的技术特征。技术风格被誉为运动技术的"灵魂"。运动员对技术风格的理解，并不局限在个人的技术上。每名运动员都有其个人的技术风格，一个队伍也有集体的技术风格。培养何种技术风格将直接影响运动员或者运动队未来的发展方向。从这个问题上进一步探讨，可以引申出"技术流派"的概念，如南美流派等。技术流派，是指若干运动队所具有的相似的技术风格。

不同国家或地区的运动员（队）会表现出不同的技术风格，技术风格的不同，实质上是源于技术系统的不同。技术系统和技术风格的物质载体即运动员，运动员或者运动队是技术风格的主体因素，任何技术风格都需要运动员才能展现。每名运动员或者每个运动队都有自身的个性特征和行为特征。独特的技术风格的培养，总体上来说是来源于独特的技术系统。运动员或者运动队的技术系统有其自身的独特性。技术风格的培养是一个长期的过程，该独特性只有通过运动员或者运动队表现出来才能被人们所认知、检验和承认。其表现手段主要是竞技比赛，运动员或运动队的技术风格只有通过比赛才能显现出来。

7. 处理学习因素与训练因素的关系

技术学习是技术训练过程的起点和基础，对整个技术训练过程产生重大影响。20世纪60年代初，在美国和加拿大等国形成了一门新兴学科——运动技能学。这门学科具有较高的学术性和实用性，它的研究重点是技术学习的一般规律。其主要内容包括：运动技能形成模式分析、运动技能学习的一般能力及专项素质、练习前的各种准备、练习的具体措施和教学方法安排、练习后的教学措施、社会及练习中所产生的各种因素对学习的影响。从特定角度来说，技术训练过程的实质是运动学习的过程。这个过程包括以下三个环节：接收信息，形成动作表象，建立动作程序；发出指令，完成动作；反馈和调整动作。

第二节　运动战术训练

一、运动战术的基本结构

运动战术是指根据专项运动的竞赛规则，为战胜对手或取得理想成绩而采取的各种谋略和行动的总称。"谋略"是指赛前的预谋和临场的策略；"行动"是指贯彻赛前预谋和临场计策的行为方式。运动战术由战术观念、战术指导思想、战术原则、战术意识、战术知识、战术形式和战术行动等内容组成。战术观念是指教练员、运动员通过战术训练和比赛实践所形成的有关战术理论、战术应用及其变化的战术理念。战术观念的形成与运动员和教练员的竞赛经验、战术知识和思维方式等有密切关系，并对其战术设计、方案、实施等战术活动有着导向作用。战术观念是战术指导思想的理论基础。

战术指导思想是指在战术观念的作用下，根据不同比赛对手的具体情况所提出的具有针对性的指导战术行动的完整思路，是战术计谋与行动的指导思想，并明显地体现出战术运用者的战术观念。战术原则是制订具体战术方案、实施战术计划的思想与行为的准则。战术意识是指运动员临场支配自己行动的思维活动过程，具有战术意识的运动员能在复杂多变的竞赛环境中，及时、准确地根据场上情况随机应变，迅速、正确地决定自己的行动方案（包括个人行动及与同伴的协同配合行动）。战术知识是比赛战术理论与实践运用的经验和知识的总和，是掌握和运用具体战术的基础。显然，战术思想、战术原则、战术意识和战术知识，是竞技运动战术理论的核心内容。

战术方案是指具体战术行动的预案与设计。战术方案是否合理、运用是否灵活、结果是否有效，往往取决于教练员和运动员对战术知识掌握的广度和深度。战术形式是指战术活动中具有相对稳定形态的行动方式。战术行动是指为达到特定战术目的而采用的运动技术、组合技术或相应技术动作的具体实施。战术方案和战术行动是设计与实施的关系。战术方案决定着战术行动的意图、形式和内容，战术行动是实现战术方案的过程、步骤和程序。战术方案通常具有几种方案，根据不同对手、不同环境和不同条件，往往确定其中一种战术方案为主要方案，其他战术方案作为备选方案。战术形式既是表达战术方案的理论设想，也是反映战术行动的实施标志。

二、运动战术的基本分类

运动战术的分类多种多样。运动战术按参赛人数分类可分为个人战术和集体战术。其中，个人战术是指个人所完成的战术，在格斗对抗性项群和隔网对抗性项群的比赛中，个人战术表现得尤为明显；在技能类同场对抗性项目中，个人战术是集体战术的组成部分。集体战术是指赛场同队所有运动员按统一战术方案所进行的战术，在集体对抗性项目中，集体战术显得尤为重要。运动战术按攻防性质分类可分为进攻战术、防守战术和相持战术。进攻战术是指利用机会，通过个人或集体配合，向对手发动进攻的战术。防守战术是指由个人或集体协同采取的阻碍或破坏对手进攻的战术。相持战术是指双方攻守态势相对均衡时，为使场上形势有利于己方而采取的战术。这种分类通常应用于隔网、同场、格斗类项群的训练。

另外，还有一些其他的战术分类，如阵形布局战术、体力分配战术和心理影响战术等。其中，阵形布局战术是指按照一定的阵形，赋予运动员各自的职责和分工配合的要求，从而构成一个相对完整的阵营形式去战胜对手的战术，如篮球运动的"2-1-2"阵形战术、排球运动的"4-2"阵形战术、足球运动的"4-4-2"阵形战术等。体力分配战术是指通过体力的合理分配而谋取胜利的战术，如在体能主导类项群的周期耐力性项目中，中长跑、游泳、划船和自行车等项目的途中跟人战术和最后冲刺战术等。心理影响战术是指通过一些特定的方式和措施，对参赛对手在心理上施加影响，使对手因士气受到影响而不能顺利完成预定战术的战术，如暂时领先时故作欢呼雀跃之态就是一种心理影响战术。

三、运动战术的设计原则

（一）根据运动战术的结构要素设计战术的内容和形式

按照运动战术的结构要素设计运动战术的内容和形式的原则，称为结构设计原则。运动战术结构是由布局、职责、路线和对抗点等主要要素构成的。其中，布局是运动战术阵容和阵形的总称。布局是为合理、充分发挥运动员机体攻防能力而安排的组织形式，这种组织形式因布局需要可以是多种多样的。职责是指战术方案赋予运动员攻防战术的具体任务，不同的战术赋予运动员不同的职责，不同的技术特点规定了运动员的不同任务。路线是攻防战术结构和转换的连接纽带，攻防战术路线共有两类，即攻防直接路线和攻防迂回路线。对抗点是指攻防战术最后形成并实现的最后环节，包括攻击点和阻击点。可见，在竞技运动战术的结构中，布局是起点，路线是主体，对抗是节点。

在运动战术的结构要素中，布局的目的在于把全队的攻防力量有效地组织起来，争取最大限度地发挥每名运动员的攻防技术潜力。布局的作用是明确运动员的位置、职责，协调运动员协同作战的攻防关系。布局的主要任务是确定最佳阵容配备和战术形式、明确运动员攻防配合关系、保证攻防实力平衡、规划防守层次、筹划攻防转换形式等。明确职责的目的在于规定运动员的不同任务和协作范围。路线对于球类项目而言至关重要，攻防战术的两类路线，有时称为有球路线和无球路线，攻防直接路线孕育着进攻点或防守点的转换，攻防迂回路线则隐藏着直接的攻防含义。对抗点的选择尤为重要，攻击点正确是完成进攻战术的关键一环，恰当的阻击点是实现防守目的的有效屏障。

（二）根据运动战术的攻防规律设计战术的内容和形式

按照运动战术的攻防规律设计运动战术的内容和形式的原则，称为攻守平衡原则。从运动战术的基本形式和外在特征来看，运动战术可以分为进攻和防守两类。但是，承担进攻和防守的运动员是同一运动选手。实践证明，任何攻强于守或守强于攻的运动员个体或群体，都无法长久地占据优势地位或持续取得优势。因此，按照攻守平衡原则设计战术，必须考虑三个方面：选择技术全面的运动员、谨慎规划攻防的布局和保持动态的攻守平衡。其中，技术全面的运动员是设计攻守平衡战术的物质基础，是实现攻守平衡的基本条件；合理的攻防布局是充分发挥攻防实力的思想基础，是实现攻守平衡的理论设计；保持攻守的动态平衡是正确处理攻防战术的辩证关系，是攻守平衡的动态表现。

首先，必须注意挑选技术全面的运动员作为战术的执行者，这是战术实施的基本要求。若运动员本身攻守技术失调，则很难保证战术的攻守平衡，甚至可能导致战术无法形成或形成的战术无法发挥预期的作用。其次，必须审慎地规划攻防战术的布局。在实践中，往往需要根据不同对手的打法有目的地选择布局形式。一般来说，对强手的攻防布局应体现"加强防御、防中有攻、防转攻快"的布局思想；对弱手的攻防布局应体现"积极进攻、攻中有防、攻转防快"的布局策略。最后，必须保持攻守战术的动态平衡。从布局上看，阵形是攻防战术的准备形式，变化则是攻防战术的具体内容。因此，攻防平衡的战术不仅体现在静态阵形的布局上，而且应该着重体现在运动中保持攻守战术的动态平衡上。

（三）根据运动战术的多样性特点设计战术的内容和形式

按照运动战术的多样性特点设计运动战术的内容和形式的原则，称为灵活多变原则。兵法曰"兵无常势，水无常形"，意思是说用兵作战没有固定不变的方式方法，就像流水没有固定的形状一样。同理，指望竞技运动中的某一固定战术包打天下是不可能的。因此，需要设计多种多样的运动战术，以便依情灵活选用。按照灵活多变的原则设计战术，通常需要考虑三个方面：综合设计多种攻防战术、进攻战术应该"一点多变"、攻防战术便于快速转换。其中，多样性的攻防战术是战术灵活多变的战术基础。实践证明，只有多样性的战术形式才能表现灵活性的战术结果。当然，多样性的战术形式必须具备扎实的战术基础。

首先，综合设计多种攻防战术时，不能将丰富的技术内容置于某一战术形式之下，否则就会使进攻战术显得呆板，防守战术徒有其形，最终失去战术意义。多样性的攻防战术需要以不同的战术形式及其变化作为基础，以最大限度地发挥全员攻守能力，使对方防不胜防，攻无缺口。其次，进攻战术要"一点多变"。攻击点的多变是取胜的有效方法，着重体现在时空的变化或配合方式的变化，如篮球运球切入后的投篮或分球的变化、排球 4 号位强攻与平拉开战术的变化应用、足球进攻中"射转传"的变化形式等都是"一点多变"的应用。最后，设计的攻防战术便于快速转换。竞技运动的许多技术实质上具有攻防两重性，因此，灵活的攻防战术应具有快速转换的特征。

(四) 根据运动战术的独特性设计战术的内容和形式

按照运动战术的独特性特点设计运动战术的内容和形式的原则，称为独特风格原则。战术设计的独特风格原则与战术设计的指导思想关系密切，也与本队的现实状态高度相关。通常本队的现实状态是战术设计指导思想的物质基础，战术设计指导思想是贯彻队伍独特风格原则的思想基础。因此，独特风格原则是落实战术设计指导思想的重要准则。当然，战术指导思想和独特风格原则的高度统一也会带动物质基础的变化，如我国篮球运动曾经在一段时期提出且贯彻着"以小打大、以快制高"的战术思想，并按此制定了相应的攻防战术，培养了一批"快、准、灵"的优秀选手。

按照独特风格原则设计战术必须考虑三点：立足本队实际、积极了解动态和集中队员特点。首先，必须立足本队实际，争取攻防战术实用。独特风格原则的思想核心是争取所设计的攻防战术有利于扬长避短、发挥潜力。任何不顾基础状态，一味追求战术形式多样或者盲目跟风的做法是不可取的。其次，积极主动了解动态，力争攻防战术先进。独特的战术风格应体现在创造性、先进性上。了解动态就是为了立足现在、放眼未来，也是争取战术上的风格独特的必要准备。最后，必须集中队员特点，形成战术的独特风格。技术是战术的物质基础，战术则是技术表现的组织手段。战术风格的独特性来源于个人技术的独特性。个人技术特点的充分表现，就是战术风格独特的集中体现。

(五) 按照运动战术的博弈性设计战术的内容和形式

按照运动战术的博弈性特点设计运动战术的内容和形式的原则，称为博弈对策原则。竞技运动的本质属性之一就是竞争的博弈性。竞技运动说到底就是一种零和思维下的身体活动游戏。因此，竞技运动的竞争博弈性是通过竞技选手为获得优异运动成绩，都是以人的思维策略和身体行为的博弈来体现的。显然，零和思维是竞技运动的本源思想，零和游戏是竞技运动的本质形态。既然如此，竞技运动就需要以博弈论作为战术设计和应用的基础理论。博弈论，亦名对策论、赛局理论，是应用数学的一个分支，目前在生物学、经济学、军事学等学科中都有广泛的应用。博弈论主要研究公式化的激励结构间的相互作用、个体预测行为和实际行为，并研究它们的优化策略及其应用。

当前，运用博弈对策思想设计攻防战术的方法有三种方式：一是人工设计攻防战术。教练员利用沙盘、录像以及临场人工统计资料和自己的经验设计战术，整个战术设计过程完全凭借人工。二是微机辅助设计战术。这类战术是在人工设计攻防战术的基础上，利用特制微机代替临场人工技术和战术的统计运算，帮助教练员及时依据最终结果和初步方案，进行分析、决策并制定战术。目前，微机辅助设计战术的方法已为国内外某些强队采用。三是设计软件辅助设计战术。这类方式是借助摄像设备和微型计算机链接，配置相应的战术分析软件，将对手的战术特点进行系统分析，设计出相应的攻防战术方案，供教练员参考。目前，这种具有一定智能的电子模拟设备已被德国、美国等国家的个别强队所运用，实践效果比较好。

四、战术训练的方法和要求

（一）战术训练的方法

战术训练方法的采用应符合专项比赛的要求，应有利于发挥运动员的身体和技术特长，应能充分调动运动员的主动性和积极性。

1. 分解战术训练法与完整战术训练法

分解战术训练法是指把一个完整的战术组合过程划分为若干个相对独立的部分，然后分部分进行练习的方法。分解战术训练法常在学习一种新的战术配合形式时采用，其目的在于让运动员掌握某种战术配合的基本步骤。完整战术训练法是指完整地进行战术组合练习的方法。完整战术训练法常在运动员已具备一定的战术知识和战术能力后采用，其目的在于使运动员能够流畅地完成整个战术组合过程。

2. 减难训练法与加难训练法

减难训练法是指以低于比赛难度的要求进行训练的方法。减难训练法常在战术训练的初始阶段采用，如同场对抗性项群的球类项目中，最初可在消极防守或不加防守的条件下完成战术练习，待运动员已掌握战术的基本步骤后，逐渐加强防守、提高难度以达到比赛要求。加难训练法是指以高于比赛难度的要求进行训练的方法。加难训练法的目的是提高运动员在复杂困难的情况下运用战术的能力，其方式一般有：限制完成技术动作的空间和时间条件（如限制场地、缩短时间等）；与不属同一级别的高水平运动员或运动队对抗；采用比正式比赛条件更严格、更困难的标准进行训练等。

3. 虚拟现实训练法

虚拟现实训练法指运用高科技设备，将未来可能出现的比赛场景提前在电脑屏幕上虚拟出来，从而帮助运动员提高预见能力及在各种情况下灵活有效地运用战术的能力的训练方法。随着高科技手段在运动训练和运动竞赛中的广泛应用，虚拟现实训练法也将在更多项目中得到采用。

4. 想象训练法

想象训练法是一种心理学训练方法。想象训练法是在运动员大脑内部语言和套语的指导下进行战术表象回忆的训练方法，它能够帮助运动员在大脑中建立丰富而准确的战术运动表象。

5. 程序训练法

程序训练法是近年来从教学领域引进的一种训练法。在运用程序训练法进行制胜训练时，除应遵循由易到难、由简到繁、从固定到变异的一般性程序外，还应特别注意编制不同项群战术训练的特殊程序。体能主导类项群可考虑采用如下训练程序：不同战术方案选优——

重复熟练—在不同情况下实施战术训练—在实战条件下进行训练。技能主导类对抗性项群可考虑采用如下训练程序：无防守训练—消极防守训练—积极防守训练—模拟比赛训练—实战训练。

6．模拟训练法

模拟训练法指在获得准确情报信息的基础上，通过与模仿重大比赛中主要对手的主要特征的陪练人员的对练，以及在与比赛条件相似的环境中练习，使运动员获得特殊战术能力的一种针对性极强的训练方法。随着运动训练实践的发展，模拟训练法的应用范围逐渐扩大，不但应用于技能主导类格斗对抗、隔网对抗、同场对抗类项群的战术训练之中，而且应用于体能主导类项群中，以使运动员能针对比赛场地、气候、日程安排等具体情况进行有效的战术准备。

7．实战法

实战法指在比赛中培养战术能力的方法。实战法可使运动员对战术的理解更为直接、更为深刻。在参加重大比赛前，教练员往往给运动员安排一些邀请赛或热身赛等，其目的之一就是让运动员演练将在重大比赛中使用的战术，以检验该战术的有效性。

（二）战术训练的要求

1．把握项目制胜规律

运动训练（包括战术训练）的主要目的是在竞赛中夺取优异运动成绩，夺取的过程实质上就是制胜的过程。而要制胜，就必须遵循制胜规律。遵循制胜规律是战术训练最基本的要求，也是形成正确战术观、正确制订战术方案、正确实施战术训练、在比赛中运用正确战术的前提条件。制胜规律，是指在竞赛规则限定下，教练员、运动员在竞赛中战胜对手、争取优异运动成绩所必须遵循的客观规律。

制胜规律的组成包括两个方面：其一是制胜因素；其二是制胜因素之间的本质联系。对专项运动的成绩有决定性影响的因素称为制胜因素。这些因素是人们在对专项比赛的各种特性进行深入研究后归纳总结出来的。技能主导类同场对抗、格斗对抗、隔网对抗项群所属各项目的制胜因素具有一个非常明显的特征，即每个因素都包含着明确的战术含义，如排球项目中的制胜因素"高"，除必须选拔"高大运动员"之外，还具有采用"高举高打""高点强攻"战术的含义；足球、篮球等项目中的制胜因素"准"，除"投篮准"等外，还意味着能准确地传出"威胁性"球，就明显地带有战术色彩。每个项目中，制胜因素都不是一个或两个，而是一个"因素群"。若干因素之间存在着必然性联系，这些联系以不同的方式表现出来，有的互相促进，有的互相制约，有的互相矛盾。正确地认识和把握这些联系，才能做到遵循制胜规律，才能有效地进行战术训练。

在认识制胜因素及其联系时，要特别注意各因素内含的发展情况。例如，目前在对技能主导类项群隔网对抗项目"快"的理解上，除了以前内含中已有的球速快以外，人们还从抓"适应与反适应"（最大限度地适应对手、最大限度地不让对手适应自己）这对主要矛盾出发，赋予"快"以"战术变化快"（在有效的前提下）、"节奏变化快"等新的内容。这些都是在进行战术训练时应该加以注意的。

2．培养战术意识

战术意识这一特殊思维活动过程由战术信息选择与战术行为决策两个前后为序、紧密相连的部分组成。战术意识的具体内容体现在：技术运用的目的性；战术行动的预见性；判断的准确性；攻防转换的平衡性；战术变化的灵活性；战术配合的协同性；战术行为的隐蔽性；等等。

培养运动员的战术意识是战术训练的中心环节。具体方式通常有：系统了解专项竞赛的基本规律与战术特征、比赛中战术变化的规律及正确的应变措施、专项战术的发展趋势；积累专项战术理论及经验知识；大量而熟练地掌握基本战术；等等。战术意识的培养与运动员的思维活动密切相关。从某种意义上讲，战术思维是战术意识的核心。因此，运动员的战术思维能力水平决定了其战术意识水平。

具体而言，运动员思维的灵活性、预见性和创造性等是其战术意识的决定因素。从运动训练实践看，想练结合是培养运动员战术思维的行之有效的手段。

3. 培养战术运用能力

在运动训练中，应当把培养运动员在各种复杂而艰苦的条件下合理运用战术的能力这一任务放在相当重要的位置上。这也是在战术训练中贯彻"练为战"思想的具体要求。战术运用的基本要求为：第一，要有明确的目的性和针对性。任何战术的运用都必须有明确的目的性，做到有的放矢。战术行动合理、针对性强，做到特定战术解决特定问题。第二，要有高度的实效性。战术运用目的是制胜，因此应以制胜为目的，力戒华而不实。第三，要有高度的灵活性。能根据赛场上千变万化的局势，灵活机动地坚持运用有效战术，力争主动、避免被动，使比赛局势向有利于本方的方向发展。

4. 处理好个人战术行为与集体战术配合的关系

个人战术行为指运动员在战术活动中表现出的个人行为。个体战术行为是运动员个人战术行为能力的直接表现，亦是集体战术行为的基础。个人战术行为能力可分为"单兵作战能力"和"协同作战能力"。在集体项目中，个人战术行为的目的或为直接制胜，或为队友创造机会制胜。对个人战术行为能力的培养是提高个人战术行为能力的关键环节。此外，丰富的战术理论知识、结构独特的个人战术体系及由此外化而成的独特的战术风格，都是提高个人战术行为能力的必备条件。

集体战术以个人战术行为为基础，是个人战术行为协调配合的结果。集体战术能力是运动队伍整体竞技能力极为重要的组成部分。在集体对抗性项目中，合理有效的集体战术往往是取得胜利的关键。战术配合是集体战术行为的核心。战术配合的构成因素有：参与配合的人数、每个人的行动方式、个人行动目的与战术配合目的的关系等。战术配合水平取决于两个方面：第一，有运动员在战术配合过程中表现出的活动方式的协调程度，亦称为操作形式的协调程度。第二，战术意识与心理过程的协调，亦称默契。达到"默契"程度的战术配合行动，往往表现出较大的灵活性和创造性。

集体战术的基本要求为：第一，严密的组织性。即强调个人战术行为必须服从全队的整体配合。每个运动员都必须遵守战术纪律。战术纪律是指为争取比赛胜利而制定的要求每个运动员必须按战术计划行动的强制性规定。战术纪律是战术计划得以有效执行的保证。在战术计划没有被竞赛过程证明为无效且竞赛指挥者没有发出明确的修改指令前，战术纪律要求运动员不得无故不执行战术计划。第二，高度的一致性。即所有队员战术行为的目的应当一致。第三，高度的协调性。即每个运动员的个人战术行为必须相互协调，以保证全队战术目的的顺利实现。

5．重视战术组合

随着现代运动竞赛的日趋激烈，战术也在向复合化方向发展，靠单一战术制胜的局面已不复多见。从某种意义上讲，复合就是组合。如何将多套战术有机地结合起来并在比赛场上极富针对性地使用，是衡量运动员战术水平高低的主要标志。

战术组合可分为程式性组合与创造性组合两种。程式性组合是指各种战术行动在空间和时间上按一定的顺序构成的战术组合。各专项教科书所载战术（配合）多指此种，如足球中的阵形战术，篮球中的联防、盯人战术等。另外，根据特定对手而专门制定的战术组合也可归入此类。创造性组合指根据比赛临场变化情况，不按固定程式，创造性地将几套战术组合在一起。随机性是这种组合的重要特性。程式性组合既可应用于训练之中，又可应用于比赛之中；而创造性组合则更多地应用于比赛之中。程式性组合能力是创造性组合能力的基础。运动员对程式性组合掌握得越多、越熟练，就越能开发创造性组合。创造性组合能力又不能简单地等同于程式性组合能力。因为后者的神经生理机制可用经典动力定型理论解释，而前者至今尚未得到权威性的说明。虽然如此，运动员在比赛中的创造性却是必须加以着重培养的能力。

6．加强战术创新研究

战术创新可分为常用战术创新和特殊战术创新。

（1）常用战术创新

常用战术创新是一种基础性创新。由于常用战术具有较大的普适性，一经创新并在实践中被认可，就可能给专项战术体系带来革命性影响。因而，此种战术创新难度较大。

（2）特殊战术创新

特殊战术创新是一种实用性创新，具有很强的针对性，即往往是针对特殊的对手设计出的某种新战术。教练员、运动员应当把更多的精力放在特殊战术创新的研究和实践上。

第五章　现代运动训练的方法与手段研究

第一节　运动训练方法与手段概述

一、运动训练方法概述

（一）运动训练方法的含义

运动训练方法是指在运动训练活动中，提高竞技运动水平、完成训练任务的途径和办法。运动训练方法广泛应用于教练员的"训"和运动员的"练"的过程中，是教练员和运动员共同完成训练任务的方法。运动训练方法是对运动训练过程中各种训练方式和办法的概括，是对各种具体训练方法的集中表述。

（二）运动训练方法的作用

在运动训练过程中，运动训练方法是教练员进行训练工作、完成训练任务、提高运动员竞技能力的工具。现代竞技运动的发展历史表明，运动训练方法的不断创新和科学运用对推动各项竞技运动整体发展水平的作用是较大的。一种科学训练方法的诞生既是科学训练原理的具体体现，也是科学训练实践的高度总结。因此，正确地认识和掌握不同训练方法的功能和特点，有助于顺利地完成运动训练过程中不同时期的训练任务，有助于有效地控制各种竞技能力的发展进程，有助于科学地提高不同项目运动员的整体竞技能力。

二、运动训练手段概述

（一）运动训练手段的含义

运动训练手段是指在运动训练过程中，以提高某一竞技运动能力、完成某一具体的训练任务所进行的身体练习。运动训练手段是具体的有目的的身体活动方式，是运动训练方法的具体体现。

（二）运动训练手段的作用

在运动训练活动中，教练员、运动员通过采用具体的训练手段去完成具体的训练任务、提高某一竞技能力水平。运动训练手段的不断创新和科学运用对推动竞技运动发展水平的作用同样是十分巨大的。不同的训练手段具有不同的功效，科学地认识和应用不同的训练手段，有助于科学地完成运动训练过程中不同时期的具体训练任务，有助于科学地提高不同运动项目运动员的相应竞技能力。

第二节 运动训练方法的体系与应用

一、运动训练方法的体系

(一) 运动训练方法的基本结构

构成运动训练方法的主要因素是练习动作及其组合方式、运动负荷及其变化方式、过程安排及其变化方式、信息媒体及其传递方式、外部条件及其变化方式等要素。

1. 练习动作及其组合方式

练习动作及其组合方式主要是指运动员为完成具体训练任务而进行的身体练习以及各个练习之间的固定或变异组合方式。

2. 运动负荷及其变化方式

运动负荷及其变化方式主要是指运动员进行各种身体练习时对有机体所施加的刺激及其在强度、量度以及负荷性质方面的变化方式。

3. 过程安排及其变化方式

过程安排及其变化方式主要是指对训练过程的时间、人员的组织、器材的分布、内容的选择、练习的步骤等因素的安排及其变化方式。

4. 信息媒体及其传递方式

信息媒体及其传递方式主要是指教练员指导训练工作时，所采用的语言、挂图、影视等信息手段和讲解、图示、观摩等信息传递方式。

5. 外部条件及其变化方式

外部条件及变化方式主要是指训练气氛、训练场地、训练设备、训练器材、训练工具等因素的影响及其变化方式。

运动训练中的许多方法正是由这五种因素所构成的。这些因素的不同组合及其变化，可以形成具有不同功能的训练方法。

(二) 运动训练方法的基本分类

运动训练方法多种多样，按照不同的分类标准可建立不同的分类体系，具体如下。

①按照发展竞技能力的目的，可分为体能训练方法、技能训练方法和战术能力训练方法，再进而区分，可分为力量训练方法、速度训练方法和耐力训练方法等。②按照训练内容的组合特点，可分为分解训练法、完整训练法、变换训练法和循环训练法等。③按照训练负荷与间歇的关系，可分为持续训练法、重复训练法和间歇训练法等。④按照训练负荷时氧代谢的特点，可分为无氧训练法、有氧训练法及无氧—有氧混合训练法等。⑤按照训练时不同的外部条件，可分为语言训练法、示范训练法、助力训练法和加难训练法等。⑥按照不同训练方法的基本作用和适用范围，可分为整体控制方法和具体操作方法两大类。前者包括模式训练法和程序训练法两种具有整体思维特征的训练方法；后者则包括完整训练法、分解训练法、持续训练法、间歇训练法、重复训练法、变换训练法、循环训练法以及比赛训练法8种

具体的直接操作的训练方法。

二、运动训练方法的应用

运动训练的基本操作方法主要包括分解、完整、重复、间歇、持续、变换、循环及比赛等训练法，不同的方法在具体的应用中有着不同的特点。

（一）分解训练法的应用

分解训练法是指将完整的技术动作或战术配合过程合理地分成若干个环节或部分，然后按环节或部分分别进行训练的方法。运用分解训练法可集中精力完成专门的训练任务，加强主要技术动作和战术配合环节的训练，从而获得更高的训练效益。在技术动作或战术配合过程较为复杂且运用完整训练法又不易使运动员直接掌握的情况下，或者技术动作、战术配合的某些环节需要进行较为细致的专门训练时，常采用分解训练法。分解训练法的基本类型主要有 4 种，即单纯分解训练法、递进分解训练法、顺进分解训练法和逆进分解训练法。分解训练法的 4 个亚类对于不同运动技术特征的分解具有不同的功能。因此，选择和采用什么类型的分解训练方法应由运动技术的特点和复杂程度决定。下面分别对分解训练法的 4 个亚类在现代运动训练中的应用进行分析。

1. 单纯分解训练法的应用

（1）单纯分解训练法的应用程序

应用单纯分解训练法，需首先把训练内容分成若干部分，然后分别学习、掌握各个部分或环节的内容，最后再综合各部分进行整体学习。

（2）单纯分解训练法的应用特点

第一，分解的技术动作和战术配合相对复杂，分解后的各个部分可以独立训练。

第二，练习的顺序没有特别要求，便于教练员安排训练。

2. 递进分解训练法的应用

（1）递进分解训练法的应用程序

应用递进分解训练法，需把训练内容分成若干部分，先训练第一部分；掌握后，再训练第二部分；掌握后，将第一、二两部分合成起来训练，合练部分掌握后，再训练第三部分；掌握后，将三部分合成起来训练。如此递进式地训练，直至完整地掌握技术或战术。

（2）递进分解训练法的应用要求

递进分解训练法虽然对练习内容各个环节的练习顺序并不刻意要求，但对相邻环节的衔接部分则有专门的要求。例如，采用递进分解训练法进行标枪训练时，其训练进程是：可先训练"持枪加速跑"；掌握后再进行"交叉跑"的训练；而后，将"持枪加速跑"与"交叉跑"两环节进行合成训练；掌握后再训练"原地挥臂投掷"；掌握后再把三部分合成起来进行完整训练。

3. 顺进分解训练法的应用

（1）顺进分解训练法的应用程序

应用顺进分解训练法，需把训练内容分成若干部分，先训练第一部分；掌握后，再训练第一部分和第二部分；掌握后，再将三个部分一起训练；如此步步前进，直至完整地掌握技术或战术。

（2）顺进分解训练法的应用特点

第一，训练内容的进程与技术动作、战术配合过程的顺序大体一致。

第二，后一步骤的练习内容包括前一部分的练习内容。

4．逆进分解训练法的应用

（1）逆进分解训练法的应用程序

逆进分解训练方法与顺进分解训练方法相反，应用时把训练内容分成若干部分，先训练最后一部分；逐次增加训练内容到最前一部分；如此进行直至掌握完整的技术或战术。

（2）逆进分解训练法的应用特点

第一，训练内容的进程与技术动作、战术配合过程的顺序恰恰相反。

第二，多运用于最后一个环节作为关键环节的技术和战术的训练，如投掷、扣杀、踢踹等动作。

（二）完整训练法的应用

完整训练法指的是从技术动作或战术配合的开始到结束，不分部分和环节，完整地进行练习的训练方法。运用完整训练法可以帮助运动员对技术动作或战术配合进行完整的掌握，也可以帮助运动员良好地保持技术动作或战术配合的完整结构和各个部分之间的内在联系。完整训练法具有广泛的适用范围，既包括单一动作的训练，也包括多元动作的训练；既有个人成套动作的训练，也有集体配合动作的训练。但是在不同的范围内运用完整训练法时，要注意有所侧重。

1．单一动作训练中的应用

完整训练法用于单一动作的训练时，要注意各个动作环节之间的紧密联系，注意逐步提高训练的负荷强度，提高完整练习的质量。

2．多元动作训练中的应用

完整训练法用于多元动作的训练时，运动员在完成好各单个动作的同时，要特别注意掌握多个动作之间的串联和衔接。

3．个人成套动作训练中的应用

完整训练法用于个人成套动作的训练时，可根据练习的不同目的而有不同的要求。在着重提高动作质量时，可在成套动作中途要求运动员停止练习，提出问题，加深印象，重练改进；在着重发展完成全套动作的参赛能力时，则必不拘泥于个别动作细节完成质量的情况，而强调流畅地演示全套动作。

4．集体配合战术训练中的应用

完整训练法用于集体配合战术的训练时，应以一次配合最终的战术效果作为训练质量的评价标准，更密切地结合实践要求，灵活地组织完整的战术训练。

（三）重复训练法的应用

重复训练法是指多次重复同一练习，两次（组）练习之间安排相对充分的休息时间的练习方法。重复训练法通过同一动作或同组动作的多次重复不断强化运动条件反射的过程，有利于运动员掌握和巩固技术动作；通过相对稳定的负荷强度的多次刺激，可使机体尽快产生较高的适应性，有利于运动员发展和提高身体素质。构成重复训练法的主要因素有单次（组）练习的负荷量、负荷强度及每两次（组）练习之间的休息时间。休息方式通常采用肌肉按摩。根据单次练习时间的长短，可将重复训练法分为短时间重复训练方法、中时间重复训练方法和长时间重复训练方法三种类型。重复训练法的 3 个亚类具有不同的功能。因此，选择和采用什么类型的重复训练方法，应由训练课的训练目的和任务决定。下面分别对重复训练法的 3 个亚类在现代运动训练中的应用进行分析。

1．短时间重复训练方法的应用

（1）短时间重复训练方法的应用范围

短时间重复训练方法普遍适用于磷酸原系统供能条件下的爆发力强、速度快的运动技术和运动素质的训练。例如，田径运动跨栏技术的分段或全程练习，排球运动单个扣球技术动作的练习或传（挡、推、截）球与扣（抽）球技术的组合动作的练习。

（2）短时间重复训练方法的应用特点

第一，一次练习的负荷时间短（通常在 15 秒内），负荷强度最大，动作速度快，间歇时间相当充分，且每组练习之间的间歇时间基本相同，单一动作或组合动作的各个环节前后稳定。

第二，间歇过程多采用肌肉按摩放松方式，以便促使机体尽快恢复机能。

2．中时间重复训练方法的应用

（1）中时间重复训练方法的应用范围

中时间重复训练方法普遍适用于糖酵解供能条件下的运动技术、战术和素质的训练，以及运动员学习、形成和巩固运动强度较低的运动技术、掌握局部配合的运动战术。同时，中时间重复训练方法同样普遍适用于比赛成绩为 30 秒～2 分钟的体能主导类运动项群的技术和素质的训练。

（2）中时间重复训练方法的应用特点

第一，一次练习的负荷时间应较长，通常为 30 秒～2 分钟。

第二，练习时，负荷时间可略长于主项比赛时间或负荷距离可略长于主项比赛距离。

第三，负荷强度应较大（负荷心率应在每分钟 180 次）并与负荷时间呈现负相关性。

第四，单一练习动作的各个环节或组合技术的基本结构应前后稳定。

第五，能量代谢主要由糖酵解供能系统完成。

3．长时间重复训练方法的应用

（1）长时间重复训练方法的应用范围

长时间重复训练方法主要适用于无氧、有氧混合供能系统条件下的运动技术、战术、素质的训练工作；也适用于难度不大、负荷不高、技巧性强的单一技术动作的训练或难度不大的组合技术动作的训练；还适用于体能主导类（2～5 分钟）耐力性运动项群的技术、素质的训练。长时间重复训练方法的应用过程中也可辅以中时间重复训练方法或持续训练方法。

（2）长时间重复训练方法的应用特点

第一，一次练习过程的负荷时间更长，通常在 2～5 分钟之间。

第二，技能主导类项群技术动作的练习种类较多，同时参与技术、战术训练的人数较多，战术攻防过程转换次数较多，训练的实战环境气氛较浓，组织难度较大，负荷时间略长于主项比赛时间或负荷距离略长于主项比赛的距离。

第三，负荷强度与负荷时间呈现负相关性。

第四，无氧和有氧混合供能性质明显。

(四) 间歇训练法的应用

间歇训练法是指对多次练习时的间歇时间做出严格规定，使机体处于不完全恢复状态下，反复进行练习的训练方法。间歇训练法主要包括高强性间歇训练方法、强化性间歇训练方法和发展性间歇训练方法三种，下面分别对其在现代运动训练中的应用进行分析。

1. 高强性间歇训练方法的应用

(1) 高强性间歇训练方法的应用范围

高强性间歇训练方法不仅适用于体能主导类速度性和耐力性运动项群的素质、技术的训练，还适用于技能主导类对抗性运动项群中的攻防技术或战术的练习。

(2) 高强性间歇训练方法的应用特点

第一，一次练习的负荷时间较短（40秒之内）。

第二，负荷强度大，心率多在每分190次左右。

第三，间歇时间极不充分，以心率降至每分钟120次为开始下一次练习的确定依据。

第四，练习内容多为单个技术或组合技术。

第五，练习的动作结构基本稳定。

2. 强化性间歇训练方法的应用

(1) 强化性间歇训练方法的应用范围

强化性间歇训练方法适用于一切需要无氧有氧混合系统供能能力和良好心脏功能的竞技运动项目的技术、战术及素质的训练工作。

(2) 强化性间歇训练方法的应用特点

第一，对体能主导类运动项群来讲，一次练习的负荷时间略长于主项比赛时间（100～300秒钟），负荷强度通常略低于主项比赛强度的10％～5％，心率控制在每分钟180或170次左右即可，间歇时间以心率降至每分钟120次为开始下一次练习的确定依据，动作结构前后稳定。

第二，对于技能类运动项群来讲，强化性间歇训练方法技术动作种类较多，动作练习多为组合技术，技术动作的负荷强度较高，负荷性质多为力量耐力性和速度耐力性。

3. 发展性间歇训练方法的应用

(1) 发展性间歇训练方法的应用范围

发展性间歇训练方法适用于需要较高耐力素质的运动项群的训练工作。体能主导类耐力性项群运用此方法最多。在技能主导类运动项群中，发展性间歇训练方法通常用于减少人数且比赛时间分解成阶段性的连续攻防训练的过程之中。

(2) 发展性间歇训练方法的应用特点

第一，一次练习的负荷时间较长，负荷时间应在5分钟以上，负荷强度控制在心率每分钟160次左右，间歇时间以心率降至每分钟120次为开始下一次练习的确定依据，一次持续练习的动作种类可以单一也可以多元，以有氧代谢系统供能为主。

第二，在实际训练过程中，为了提高耐力训练水平，教练员通常将发展性间歇训练方法、强化性间歇训练方法同持续训练方法结合应用，根据负荷强度的分级标准进行训练。

（五）持续训练法的应用

持续训练法是指负荷强度较低、负荷时间较长、无间断地连续进行练习的训练方法。根据训练时持续时间的长短，持续训练法可分三种基本类型，即短时间持续训练方法、中时间持续训练方法和长时间持续训练方法，下面分别对其在现代运动训练中的应用进行分析。

1. 短时间持续训练方法的应用

（1）短时间持续训练方法的应用范围

短时间持续训练方法广泛应用于体能主导类项目的运动素质训练，也适用于技能主导类运动项群中动作强度较高的素质、技术和战术的训练。

（2）短时间持续训练方法的应用特点

第一，一次持续练习的负荷时间相对较短（5～10分钟），负荷强度相对较高，心率负荷指标控制在每分钟170次左右。

第二，练习动作可以单一也可以多元。

第三，练习动作的组合可以固定也可以变异。

第四，练习过程不中断。

2. 中时间持续训练方法的应用

（1）中时间持续训练方法的应用范围

中时间持续训练方法普遍适用于技能主导类运动项群各个项目中多种技术的串联、攻防技术的局部对抗、整体配合战术或技术编排成套的技术或战术的训练，以及体能主导类耐力性运动项群的训练。

（2）中时间持续训练方法的应用特点

第一，技术动作可以单一也可以多元，平均强度不大，负荷时间相对更长，以有氧代谢系统供能为主。

第二，一组练习的持续负荷时间至少应为10分钟。

第三，负荷强度心率指标为每分钟160次左右。

第四，在体能主导类项群中广泛用于发展耐力素质。

3. 长时间持续训练方法的应用

（1）长时间持续训练方法的应用范围

长时间持续训练方法在技能主导类运动项群中的应用领域相对不广，这主要是因为长时间持续训练方法的应用目的是发展一般耐力，过分采用长时间持续训练方法进行训练，不仅无助于技能类运动项群运动成绩的提高，甚至有可能引起机能的不良迁移或妨碍主要专项运动素质的发展。因此，长时间持续训练方法只作为技能主导类运动项群中一项辅助性的练习。

（2）长时间持续训练方法的应用特点

第一，训练环境不稳定，运动路线不固定。

第二，负荷时间较长，运动速度的快慢变化不具有明显的节奏性，但具有明显的随意性。

第三，运动过程始终不断，练习过程的负荷强度呈现高低交错，心率指标为每分钟130～160次。心理感受相对轻松。

（六）变换训练法的应用

变换训练法是指变换运动负荷、练习内容、练习形式以及练习条件，以提高运动员的积极性、适应性及应变能力的训练方法。根据变换的内容可将变换训练法分为三种，即负荷变换训练方法、内容变换训练方法和形式变换训练方法，下面分别对其在现代运动训练中的应用进行分析。

1. 负荷变换训练方法的应用

（1）负荷变换训练方法的应用范围

负荷变换训练方法是一种功能独特的重要训练方法，不仅适用于身体训练，也适用于技战术训练。

（2）负荷变换训练方法的应用特点

第一，降低负荷强度，可利于学习和掌握运动技术。

第二，提高负荷强度及密度，可使机体适应比赛的需要。

2. 内容变换训练方法的应用

（1）内容变换训练方法的应用范围

一般认为，内容变换训练方法适用于技能主导类对抗性运动项群中各种技术串联的练习，或者某种单个基本技术的各种变化练习，或者基本技术组合的变换练习，或者某种战术打法中几种方案的变换练习，或者多种战术混合运用的变换练习等。内容变换训练方法也适用于难美性运动项目的技术动作的组合练习。而对于机能主导类运动项群，内容变换训练方法较多应用于身体训练。

（2）内容变换训练方法的应用特点

第一，练习内容的动作结构可为变异组合，也可为固定组合。

第二，练习的负荷性质符合专项特点。

第三，练习内容的变换顺序符合比赛规律。

第四，练习动作的用力程度符合专项要求。

3. 形式变换训练方法的应用

（1）形式变换训练方法的应用范围

形式变换训练方法的应用主要反映在场地、线路、落点和方位等条件或环境的变换上。例如，隔网类运动项群中的发球练习，在负荷、动作大体一致的情况下，可以发出各种不同直线、斜线、前排、后排的球；同场类运动项群中侧身带球技术的运用，在交叉换位的战术配合时，可以形成"掩护"或"反掩护"的不同战术形式。

（2）形式变换训练方法的应用特点

第一，通过变换训练环境、变换训练气氛、变换训练路径、变换训练时间和变换练习形式的方式进行训练。

第二，通过变换训练形式，使各种技术更好地串联和衔接起来。

第三，对运动员产生新的刺激，激发起较高的训练情绪，进而促使运动员的神经系统处于良好的准备状态。

第四，促使运动员产生强烈的表现欲望，进而提高训练质量。

（七）循环训练方法的应用

循环训练方法是指根据训练的具体任务，将练习手段设置为若干个练习站，运动员按照既定顺序和路线，依次完成每站练习任务的训练方法。根据各组练习之间间歇的负荷特征，可把循环训练法的基本类型主要分为三种，即循环重复训练方法、循环间歇训练方法和循环持续训练方法，下面分别对其在现代运动训练中的应用进行分析。

1. 循环重复训练方法的应用

（1）循环重复训练方法的应用范围

循环重复训练方法既可用于技术训练，也可用于素质训练，是竞技运动常用的训练方法之一。例如，在排球运动训练中，可将扣球、拦网及防守技术等作为练习站实施循环重复训练。

（2）循环重复训练方法的应用目的

第一，提高高强度技术动作的规范性和熟练性。

第二，提高攻防过程中的对抗性。

第三，将技术动作和运动素质与代谢系统的训练融为一体，使之共同提高。

第四，提高运动员的磷酸原系统的储能和供能能力。

第五，提高运动员有关肌群的收缩速度和爆发力。

（3）循环重复训练方法的应用特点

第一，可将各种练习设置为若干个练习站，练习动作应熟练规范，练习顺序符合比赛的特点，间歇时间较为充分。

第二，持续两组练习后进行一次充分间歇。

2. 循环间歇训练方法的应用

（1）循环间歇训练方法的应用目的

循环间歇训练方法是按照间歇训练方法的要求，对各站和各组之间的间歇时间做出特殊规定，以使机体在训练中处于不完全恢复的状态。运用这种训练方法的主要目的在于发展运动员的体能，循环间歇训练方法也用于协调发展技术、战术和素质之间的有机联系。

（2）循环间歇训练方法的应用特点

第一，将各种练习设置为若干个练习站，各练习站的负荷时间为 30 秒以上，站与站之间的间歇较不充分。

第二，循环组间的间歇可以充分，也可以不充分。

3. 循环持续训练方法的应用

（1）循环持续训练方法的应用范围

循环持续训练方法在竞技运动训练中的应用极其广泛。例如，将隔网对抗性运动项目中的扣球（杀、吊）、拦（截）、传（挡、推、防）等技术练习设定成练习站并编排成组合技术（练习段），进行 5～10 分钟的较高强度的多球循环持续训练，或将同场对抗性运动项目中的运球、传球、接球、投篮（射门）或跑动、接球、投篮（射门）或跑动、策应、传球、投篮（射门）等练习内容设定为练习战并编排成组合技术（练习段），进行 5～10 分钟的较高强度的循环持续训练，又或在联合训练器上进行持续循环训练，都是循环持续训练方法的具体应用。

（2）循环持续训练方法的应用特点

第一，各练习站有机联系，各个练习站的平均负荷强度相对较低，各组循环内各站之间无明显中断，一次循环的持续负荷时间应在 8 分钟以上，甚至更长。

第二，负荷强度高低交替搭配进行。

第三，循环之间的间歇时间可有可无，循环组数相对较多。

第四，上下肢练习、前后部练习顺序的配置或集中安排或交替进行。

第五，组织方式可采用流水式或轮换式。

（八）比赛训练法的应用

比赛训练法是指在近似、模拟或真实、严格的比赛条件下，按比赛的规则和方式进行训练的方法。根据比赛的性质可将比赛训练法分为四种，即教学性比赛训练方法、检查性比赛训练方法、模拟性比赛训练方法和适应性比赛训练方法，下面分别对其在现代运动训练中的应用进行分析。

1. 教学性比赛训练方法的应用

（1）教学性比赛训练方法的应用形式

教学性比赛方法的应用形式多种多样。例如，运动队内部队员之间的对抗性教学比赛，不同运动队、运动员之间的邀请性教学比赛，不同训练程度运动员之间的让先性教学比赛，部分基本技术、战术的对抗性教学比赛等，都可视为教学性比赛训练方法的应用。

（2）教学性比赛训练方法的应用特点

第一，可采用部分比赛规则进行局部配合的训练。

第二，比赛环境相对封闭，便于集中精力训练

第三，比赛过程可以人为中断以便指导训练。

第四，运动员的心理压力小，利于运动员正常发挥技术水平。

2. 检查性比赛训练方法的应用

（1）检查性比赛训练方法的应用范围

检查性比赛训练方法适用的范围很广，包括专项运动成绩、主要影响因素、运动负荷能力、运动技术质量及训练水平检查性比赛等。由于检查性比赛是在比赛或类似比赛的条件下进行的训练质量的检查，因此较易发现问题。所以，有经验的教练员经常采检查性比赛训练法训练。

（2）检查性比赛训练方法的应用特点

第一，可采用正式比赛规则的全部或部分进行比赛。

第二，比赛环境可以封闭也可以开放；运动员的心理压力较大。

第三，可以设置检查设备进行赛况监控。

第四，有利于寻找薄弱环节，分析失利因素，提出解决问题的方案，提供改进训练工作的反馈信息。

3. 模拟性比赛训练方法的应用

（1）模拟性比赛训练方法的应用范围

模拟性比赛训练方法在技能主导类对抗性运动项群中被经常采用，如技术动作的模拟比赛、运动战术的模拟比赛和比赛环境的模拟比赛等。模拟性比赛训练方法从实战出发，有针

对性地培养运动员的实战能力。

（2）模拟性比赛训练方法的应用特点

第一，比赛环境类似真实比赛环境，按照比赛规则严格进行，模拟对手类似比赛对手。

第二，通过模拟性比赛可提高运动员科学训练的目的性，增强运动员对心理压力的承受能力。

4．适应性比赛训练方法的应用

（1）适应性比赛训练方法的应用形式

适应性比赛训练方法的应用形式较多，如重大比赛前的系列邀请赛、访问赛、对抗赛以及表演赛等都是适应性比赛训练方法的运用形式。在适应性比赛前应有一套完整的赛前准备、赛中实施及赛间调整的方案。

（2）适应性比赛训练方法的应用特点

第一，在重大比赛之前，在真实的比赛环境下，按照正式比赛的规则，与真实的对手或类似真实的对手进行比赛。

第二，以尽快促进各个竞技能力因素实现高质量匹配，促使运动员产生旺盛的竞争欲望，帮助教练员和运动员发现影响重大赛事成绩的关键因素，促进运动员形成与重大比赛相适应的最佳竞技状态为目的。

第三节　运动训练手段的体系与应用

一、运动训练手段的体系

（一）运动训练手段的基本结构

运动训练手段的基本结构可从身体练习的动力特征、动作构成和动作过程三个层面进行分析。

1．动力特征

动力特征包括力的支点、力的大小和力的方向三种要素。

2．动作构成

动作构成包含动作的姿势、轨迹、时间、速度、速率、力量及节奏七种要素。

3．动作过程

动作过程包含动作开始、动作进行和动作结束三个阶段。根据动作的动力要素、构成要素和过程要素的变化，又可组合出多种多样的训练手段。

（二）运动训练手段的基本分类

运动训练手段具有多样性，按照不同的分类标准可建立不同的分类体系，具体如下：

（1）按照练习的目的，可将运动训练手段分为发展体能的训练手段、改进技术的训练手段、提高战术能力的训练手段、改善心理状态的训练手段。

（2）按照训练手段的效果对专项能力的影响，可分为一般训练手段和专项训练手段。

（3）按照在训练活动中的应用价值，可分为基本训练手段和辅助训练手段。

（4）按照练习手段的动作结构特点，可分为周期性单一练习手段和混合性多元练习手段。

（5）按照练习手段和动作组合特征，可分为固定组合练习手段和变异组合练习手段。

在运动训练实践中，教练员通常根据不同的训练任务，采用不同的分类体系去选择具体的练习手段。

二、运动训练手段的应用

（一）周期性单一练习手段的应用

1．周期性单一练习手段的含义

周期性单一练习手段是指周期性重复进行单一结构动作的身体练习手段。由于该类练习动作相对简单、动作环节相对较少，因此，较易使练习者学习、掌握并强化主要环节的训练。

2．周期性单一练习手段的具体应用

周期性单一练习手段可分为全身周期性练习和局部周期性练习。全身周期性练习是指全身各部位处于周期性运动状态的练习；局部周期性练习是指身体某部位处于周期性运动状态的练习。

（1）全身周期性练习

①各种跑的练习

不同距离或时间的跑的练习。跑的步法可为向前跑、垫步跑、交叉步跑、后蹬步跑及并步跑等。

②跳推杠铃练习

立姿，两脚自然站立，与肩同宽。两手翻握轻重量杠铃放置胸前。全身用力时，两脚交叉步或并步跳起，同时，两手上推杠铃到头顶至两臂伸直。连续练习若干次为一组，练习若干组。

③拉测功仪练习

坐在测功仪上，按划船动作做全身性拉桨练习。练习时上下肢配合，全力做6～10分钟为一组，做若干组。

（2）局部周期性练习

①快速挥臂练习

原地站立，头上方悬吊重沙袋，做扣排球动作，连续挥臂拍击沙袋若干次为一组，练习若干组。

②卧推杠铃练习

仰卧卧推凳上，两手与肩同宽握杠，由胸前上推杠铃至两臂伸直，连续上推若干次为一组，练习若干组。

③拉橡皮带练习

立式上身前俯或俯卧式，两手由前方向后体侧拉橡皮带，反复多次做3～10分钟为一组，练习若干组。

（二）混合性多元练习手段的应用

1. 混合性多元练习手段的含义

混合性多元练习手段是指将几种单一结构的动作混合进行的身体练习手段。该类练习动作有利于运动员形成复杂动作的神经联系、提高技能的储备量，有利于运动员学习、掌握较为复杂的技术动作。

2. 混合性多元练习手段的具体应用

混合性多元练习手段亦可分为全身混合性和局部混合性练习两种类型。

（1）全身混合性练习

①跑动跨跳练习

中速跑，每跑 3 步跨步跳 1 次，连续跨跳 10 次，如距离固定可计时进行。每组练习 3～5 次，练习 2～3 组。

②助跑掷枪练习

按完整掷标枪动作练习。这种练习要求助跑快速，变步清晰，制动有力，挥臂快速，出手迅速。

③助跑扣球练习

按排球助跑扣球完整动作的方法进行实际扣球练习。每组练习 5～8 次，练习 3～5 组。

（2）局部混合性练习

①助跑起跳练习

助跑 10 米起跳跳远练习；5，7，9 步助跑单或双脚起跳手摸高练习；持竿助跑 30 米接插竿起跳练习；等等。

②助跑掷球练习

手持轻实心球，加速跑 6～10 米后侧交叉步跑 3～5 步，按掷标枪动作将球掷出。

③摆浪收腹练习

撑竿跳高动作的辅助练习之一。助跑起跳后，双手握在吊绳上，身体悬垂并随吊绳摆动之势屈腿或直腿收腹起。

（三）固定组合练习手段的应用

1. 固定组合练习手段的含义

固定组合练习手段是将多种练习手段依固定形式组合的身体练习手段。运用固定组合练习手段能使运动员较易学习、掌握、巩固和应用成套的固定组合的练习动作，使练习动作娴熟化；使运动员较易获得与技术动作相匹配的运动机能和运动节奏，进而有利于提高运动员的运动能力。

2. 固定组合练习手段的具体应用

（1）有氧健身操练习

按预先编排动作，进行包括各种跳跃、滚翻及换步跑动动作在内的成套动作的组合动作练习。

（2）各种自选拳练习

根据武术规则，将各种拳法、腿法及身法动作编排为成套的自选拳组合动作进行练习。

（3）各种协调性练习

将各种脚步动作、跳跃动作和滚翻动作有机地编排成为各种成套的组合动作进行练习。

（4）彩带操螺形基本技术练习。

（四）变异组合练习手段的应用

1. 变异组合练习手段的含义

变异组合练习手段是指在多元动作结构下，将多种练习手段以变异形式组合进行的身体练习手段。各种变异组合的练习，可以有效地提高运动员的应变能力；可以提高运动员对复杂状态的预见能力；可以提高运动员对各种运动战术的应用能力；可以提高运动员与运动技术、运动战术相匹配的运动机能；等等。

2. 变异组合练习手段的具体应用

变异组合练习手段主要包括完整变异组合练习和部分变异组合练习两种类型。

（1）完整变异组合练习

①各种格斗性对抗练习

摔跤、散手（散打）、拳击等格斗性项目的半场或全场实战练习。

②各种同场性对抗练习

篮球、足球、手球等同场性项目的半场或全场实战练习。

③各种隔网性对抗练习

排球、网球、羽毛球等隔网性项目的半场或全场实战练习。

（2）局部变异组合练习

①进攻战术配合练习

在设置防守对手的情况下，专门进行少人或多人的某几种进攻战术配合应用的练习。

②防守战术配合练习

在设置进攻对手的情况下，专门进行少人或多人的某几种防守战术配合应用的练习。

第六章　现代运动训练方法的项间移植研究

第一节　运动训练方法项间移植的概念与内涵分析

一、运动训练方法项间移植的概念

《运动训练科学化探索》一书中指出：不改变原来的事物，而把它用于其他领域叫作移植法，[①] 把某种已有的东西移植到另一个领域中去运用就又成为一种新东西，这是经常运用并被广泛承认的一种创造技法。

根据项群理论对运动训练项目的分类标准，这里将按竞技能力的主导因素对竞技项目的分类进行运动训练方法项间移植的研究，项目分类见表 6-1。

表 6-1　按竞技能力的主导因素对竞技项目的分类

大类	亚类	主要项目
体能主导类	快速力量性	短距离跑
		短游
		短距离速度滑冰
		短距离赛场自行车
	耐力性	中长超长距离走、跑、滑冰、铁人三项、现代五项
		中长超长距离游泳、越野滑雪
技能主导类	准确性	射击、射箭、弓弩
	健美性	体操、艺术体操、跳水
	隔网	乒乓球、羽毛球、网球、排球
	同场	足球、手球、冰球、水球、篮球、曲棍球
	格斗	摔跤、柔道、拳击、击剑、武术、跆拳道

运动训练方法项间移植的客观依据是事物的普遍联系，具体根源于事物之间的相关性和相似性。事物既是相互区别的又是相互联系的，这种联系极为普遍和复杂，且表现形式多种多样，其中一个突出的方面就是相关性、相似性。一事物与他事物看来很不相同，似乎毫无关系，但实际上它们之间可能也有某种相关和相似的地方，只是我们还没有发现和认识罢了。一旦发现了这种亲近关系，我们就可以进行移植。

事实上，很多运动项目都在不同程度上学习、借鉴了其他项目好的运动训练方法，通过

---

① 　田麦久，武福全，等．运动训练科学化探索［M］．北京：人民体育出版社，1988.

其他项目的方法来解决本专项的问题。据此，我们可以认为运动训练方法的项间移植是将某一领域或专项的训练方法、理念、思路等应用到其他专项训练产生创新成果的方法。这一方法的作用就是把某一领域或专项的训练法移植到其他专项来解决其他专项中的训练问题，相当于生物领域中的嫁接原理，通过将某一领域或专项的训练法移植和嫁接到其他专项，使其他专项产生创新成果并提高科学化训练水平。

运动训练方法项间移植的内容及其分类是非常丰富的（表6-2），有根本移植和非根本移植之分，有整体移植和部分移植之分，还有原理移植、方法移植、结构移植、功能移植等的区分，进行什么样的移植，往往根据训练实践的需要而定。特别是当某个专项的原有方法不能解决问题时，移植训练方法就显示出独特的作用。移植、借用其他领域或专项的理论、方法，常常能起到使问题迎刃而解的效果。

表6-2　运动训练方法移植内容分类

序号	移植内容	
1	根本移植	非根本移植
2	整体移植	部分移植
	原理移植	方法移植
3	结构移植	功能移植

我国跆拳道成功的主要原因之一就是训练理论与训练方法向多学科、不同项目借鉴、移植、交叉综合发展。国家队某教练说过："伴随着科学技术的飞速发展对跆拳道专项训练理论和方法产生重大影响，我们借助多学科、多种知识、不同项目之间的交叉、渗透、融合，使专项训练理论和方法得到进一步发展，跆拳道训练水平的提高同样要求我们教练员在训练理论和方法上加以创新，对其他如拳击、散手、体能类等项目的训练方法原理加以革新应用来实现，从而促使跆拳道训练水平得以快速发展。"

由此可见，运动训练方法的项间移植是训练理论与训练方法创新的重要手段，具有相当重要的意义。各种不同专项训练方法的移植，创造了许多新的训练方法与训练理论。新的工具与手段的移植和应用，也能大大提高训练效益。可以说，在现如今的竞技体育领域，运动训练领域的创新或多或少都运用了移植方法。

综上所述，运动训练方法的项间移植，就是指把某个运动项目的一种或几种训练方法转移、应用到其他项目上去的做法。

二、运动训练方法项间移植的内涵

运动训练方法项间移植的做法不是凭空产生的，而是人们在解决实际训练问题的过程中不断思考和反复实践的结果。在训练实践中，如果被移植的训练方法为A，接受移植训练方法的专项为B，经过移植，A成为B的训练方法，或者A与B构成新的训练理论与方法。

为了恰当地界定运动训练方法项间移植概念的内涵，有学者通过访谈的形式，征询了20位涉及5个竞技体育项目的专家学者的意见，以判定运动训练方法项间移植对专项运动训练最为突出的作用，见表6-3。

表 6-3 专家学者对运动训练方法项间移植作用的判定频数统计 （N＝20）

移植作用	中长跑	皮划艇	铁人三项	手球	沙滩排球	合计
高度的导向性	4	5	4	3	2	18
高度的互补性	3	5	3	3	2	16
一定的创新性	4	4	4	2	1	15
训练效果的高效性	3	3	4	1	2	13
训练理论的促进性	1	2	2	1	1	7
专项发展的时代性	1	1	2	——	1	5

前四项特征表现出明显的一致性，即训练方法的项间移植对专项运动训练方法具有高度的导向性与互补性，并表现出一定的创新性与训练效果的高效性；这四项之后的曲线表现出明显的非一致性，说明除了共性之外，各个项目在进行移植时还有各自不同的特质。通过进一步分析研究可以发现，运动训练方法项间移植的作用主要体现在下列几个方面。

第一，接受移植的专项能更好地实施科学化的训练。有些专项发展到一定水平的时候，原来的训练方法与手段不能满足其训练水平不断提高、发展的需要，必须探寻新的训练方法与手段，而原有的训练方法与手段又难以改变，甚至不能改变时，就可以通过移植为其提供新的训练方法与手段。

20世纪60年代日本女排的多球训练传入我国，随后，多球训练方法向排球、篮球、足球、网球、羽毛球等项目移植，我国乒乓球训练也采用了多球的练法。多球训练对提高我国乒乓球运动员的基本技术和专项身体素质及训练密度和强度起到了特殊的作用。多年的训练实践证明，多球训练法对于提高以上项目的训练强度有较好的作用，是一种行之有效的训练法。

第二，用移植来的训练方法解决本专项的训练问题。不同专项训练总有这样或那样的问题，有些训练的问题可以通过其自身的变革得到解决，而有些问题靠训练自身很难解决。遇到这样的问题时，可以从别的专项寻求解决问题的途径，将能够解决问题的这一训练方法移植过来。

第三，通过训练方法移植扩大训练方法的作用范围。每一种训练方法都有其作用的范围，其作用的范围越广，价值也就越大。这一点，在间歇训练法与高原训练法中得到了最大的体现。当某一训练方法被移植到别的专项上，尤其是移植到新的专项时，这一训练方法的作用就得到了扩大。

国家跆拳道队通过对项目专项代谢特征的认识，意识到跆拳道是以无氧供能为主的运动项目，因而在备战雅典奥运会的训练中结合项目特点大量采用间歇训练法作为提高跆拳道运动员专项耐力水平的方法。这有助于训练强度的不断提高，帮助国家跆拳道队取得了较好的运动成绩并实现了历史性的突破。另外，间歇训练法在国家艺术体操队的训练中也得到广泛的运用。

第四，发现与开发一般训练方法的潜功能。训练方法具有显功能和潜功能，训练方法所具有的已经被人们认知的功能叫显功能，训练方法所具有的人们还没有认知的功能就是潜功能。训练方法应用在一个专项时，人们很难发现，甚至不可能发现其潜功能。随着不同专项的变换，训练方法的潜功能才有可能在新的专项中显现出来。移植变换了训练方法的专项载体，因此，我们可以通过移植发现并开发不同专项训练方法的潜功能。

第五，利用其他专项现有的训练方法加快解决本专项训练问题的进程。解决不同专项训练问题的起点有两种：一种是根据训练问题的需要从头想起、从头构思、从头设计、从头实践，这叫"从头摸索法"；另一种是从中去想、从中去找、从中去选、从中去取、从中去用，这叫"从中抉择法"。有的训练问题必须"从头"解决；有的训练问题则可"从中"解决。"从中"就是通过移植其他专项中已有的训练方法来解决本专项训练问题的办法，这样可以提高解决专项训练问题的效率，还可以缩短解决专项训练问题的时间。

第六，取长补短、推陈出新。"尺有所短，寸有所长"，任何一种训练方法，都有它发挥功能的优势与劣势，因此，教练员在训练中要做到尽量扬长避短。但是，有时正相反，不是扬长避短，而是需要"扬短避长"。例如，A 训练方法之长正是 B 专项训练之所欠缺，只要把 A 训练方法移植到 B 专项训练上就可以取长补短，使 B 专项以新的运动训练水平与运动成绩出现在竞技体育的舞台上。

第二节　运动训练方法项间移植的要素与类型

一、运动训练方法项间移植的基本要素

运动训练方法项间移植是一个由各种相关要素按照一定的结构有机构成的系统。运动训练方法项间移植主要包括五大要素，即移植主体、移植目标、移植手段、移植对象和移植成果。这五个基本要素之间是相互依存、相互制约、相互作用、相互转化的，从而推动运动训练方法项间移植系统的顺利运行与发展。

（一）移植主体

运动训练方法项间移植首先要有主体，如果主体不存在，运动训练方法项间移植活动就无法产生。因此，在运动训练方法项间移植的构成要素中，移植主体居于核心地位，从根本上影响和制约着其他要素。

一般来说，运动训练方法项间移植的主体指的是进行运动训练方法项间移植的教练员或参与者，这些教练员和参与者应符合以下几个基本条件：

第一，具备一定的体力、智力和运动训练方法知识，能够从事运动训练方法项间移植活动；

第二，有进行运动训练方法项间移植的意愿，乐于向其他的项目学习好的训练方法；

第三，正在参与实际的运动训练方法项间移植活动。

运动训练方法项间移植主体，从总体上来说需要负责以下几方面的工作：

第一，确定运动训练方法项间移植的需要和可能；

第二，确定运动训练方法项间移植的目标和方向；

第三，制订运动训练方法项间移植的计划和方案；

第四，选择运动训练方法项间移植的对象和环境；

第五，提供运动训练方法项间移植的手段和条件；

第六，组织运动训练方法项间移植的形式和内容；

第七，检验运动训练方法项间移植的过程和结果；

第八，实施运动训练方法项间移植的具体活动。

运动训练方法项间移植主体，从构成来看有个人和集体之分。个人是运动训练方法项间移植的基本单元，是一切运动训练方法项间移植活动的最终承担者和落脚点，并且有些运动训练方法项间移植活动也只能由个人或者以个人为主来进行，如大部分的个人项目。另外，个人项目成功移植他项训练方法的成功率要高于集体项目移植他项训练方法的成功率。集体作为运动训练方法项间移植的主体，不是个人的机械组合，而是有组织的单位，如大部分集体项目的教练组。许多运动训练方法项间移植活动不是个人能够独自进行的，需要集体组织、集体行动。集体运动训练方法项间移植能超越个人运动训练方法项间移植的局限，大大扩展运动训练方法项间移植的空间，提高运动训练方法项间移植的层次和运动训练方法项间移植的效益，形成运动训练方法项间移植的整体优势。

（二）移植目标

运动训练方法项间移植是移植主体有目的、有意识地为实现一定的目标而进行的活动。因此，移植目标也是运动训练方法项间移植的一个重要构成要素。

运动训练方法项间移植的目标，具体来说就是运动训练方法项间移植系统预期要达到的目的和要完成的任务。在运动训练方法项间移植中，目标具有重要的作用，具体表现在两个方面：一是方向作用，二是动力作用。教练员的运动训练方法项间移植活动是围绕一定目标展开的，是为了实现一定的目标组织的，是依据一定的目标确定的。教练员从事运动训练方法项间移植活动时，总是先确定一个目标，然后围绕这个目标制订一个计划和实施方案，选择一定的手段，按照一定的步骤进行活动，逐步实现这个目标。教练员在运动训练方法项间移植目标的激发下，能产生进行项间移植的热情，从而更加积极地投入运动训练方法项间移植之中。

在运动训练方法项间移植过程中，要确保运动训练方法项间移植能够取得良好的成果，就必须制定合理的运动训练方法项间移植目标。通常而言，合理的运动训练方法项间移植目标应具有以下几方面的特征。

第一，明确性，即运动训练方法项间移植的目标必须是明确的。目标不明确，就难以组织运动训练方法项间移植，也难以取得良好的移植效果。

第二，层次性，即运动训练方法项间移植的目标要有一定的层次结构，能根据不同专项的运动训练方法项间移植行程进行有针对性的、多样化的运动训练方法项间移植。

第三，可行性，即运动训练方法项间移植的目标通过一定的努力是可以实现的。

第四，可变性，即要根据实际情况对运动训练方法项间移植的目标进行不断的修正和完善，以使其更好地与客观条件相符合。

（三）移植手段

运动训练方法项间移植要有一定的手段，否则就不可能进行运动训练方法项间移植。移植手段是实现运动训练方法项间移植目标的工具和条件，是运动训练方法项间移植活动中教练员用来作用于运动训练方法项间移植对象的中介物，是运动训练方法项间移植系统的基本要素。

通常而言，运动训练方法项间移植手段可以分为两大类，即物质手段和非物质手段。其中，物质手段是运动训练方法项间移植必不可少的物质资料或物质条件，是运动训练方法项间移植活动的硬件部分，一般包括物质工具和其他物质条件，如计算机、相关的仪器、设备等；非物质手段是运动训练方法项间移植活动的软件部分，指运动训练方法项间移植活动中一切非物质性的条件，主要指智力条件和知识条件，如运动训练方法项间移植的主体必须具有一定的知识和理论基础等。运动训练方法项间移植的物质手段和非物质手段只有有机融合，才能发挥出最大的作用，使运动训练方法项间移植取得更好的效果。

移植手段在很大程度上决定着运动训练方法项间移植的水平与效果，因此教练员在选择运动训练方法项间移植的手段时，要对实际情况进行深入分析，以选择最佳的移植手段。

（四）移植对象

运动训练方法项间移植的顺利开展，也离不开移植对象这一重要的构成要素。运动训练方法项间移植不是纯粹的无中生有，总是要有一定的对象，并对其进行改造和重组。

运动训练方法项间移植的对象，具体来说就是教练员在运动训练方法项间移植活动中所指向的训练理论、训练方法和训练手段。换句话说，某种训练方法之所以成为运动训练方法项间移植对象，是教练员在运动训练方法项间移植实践中指向的结果。教练员不指向它，它就只是一般的训练方法，成为不了运动训练方法项间移植的对象，也就构成不了运动训练方法项间移植的内在要素。可见，教练员与训练方法之间是认识与被认识、改造与被改造、利用与被利用的关系，其中教练员是能动的方面。教练员为了运动员在本项目运动水平的发展与运动成绩的提高，就要借助多种手段作用于运动训练方法项间移植对象，能动地利用其他项目的训练方法，通过移植、变革、重组，使其他项目的训练方法按照教练员的目的和愿望发生相应的变化，成为合乎本专项需要的运动训练方法。

在运动训练方法项间移植系统中，被移植的运动训练方法具有以下两个作用：

（1）作为教练员所需的方法、信息的最终来源。教练员虽然在运动训练方法项间移植系统中起决定作用，赋予了训练方法以对象的意义，但教练员本身又是依赖训练方法的，即教练员通过移植其他专项的训练方法与手段提高本专项运动训练水平。

（2）运动训练方法项间移植目标是依据其他专项训练方法的属性和功能确定的。运动训练方法项间移植目标的确立不是纯粹主观的，它在现实中有客观的依据，这种依据就是被移植的训练方法所具有的训练属性及适应性。

（五）移植成果

运动训练方法项间移植成果，是教练员围绕一定目标运用一定手段改造其他专项训练方法后形成的结果，是教练员头脑中预定的观念客体向现实客体转化的实现。这种结果一般说来是运动训练方法项间移植目标的实现，但也不仅如此，有时候结果超越了目标，有时候又没有达到移植的目标，还有时候运动训练方法项间移植目标实现的同时，产生了一些意外的附属结果。因为运动训练方法项间移植的活动往往没有现有的经验可以借鉴且受外界影响很大，具有较大的风险性，所以出现移植结果与目标不一致的情况是正常的，不能认为结果与目标不一致就是运动训练方法项间移植的失败，就否定这次运动训练方法项间移植，而应进行具体分析，看结果是否符合教练员的根本需要，是否有可取之处。

运动训练方法项间移植的成果也是运动训练方法项间移植的基本要素。运动训练方法项间移植一定要有结果或成果。只有过程，没有结果或结果失败了的活动，不是完全意义上的运动训练方法项间移植。运动训练方法项间移植不仅要推出新的活动，而且要包含新的成果，这种新成果主要是新的训练方法与新的训练手段的产生与运用等，内容极为丰富，形式多种多样。但不管是什么样的运动训练方法项间移植，总有某种新的训练方法出现。因此，成果是任何运动训练方法项间移植都必备的要素，是运动训练方法项间移植的基本要素之一。

综上所述，运动训练方法项间移植五大要素之间相互依存、相互制约、相互作用、相互转化，共同推动运动训练方法项间移植的实现。

二、运动训练方法项间移植要素之间的关系

运动训练方法项间移植系统内在的基本要素是由运动训练方法项间移植主体、运动训练方法项间移植目标、运动训练方法项间移植手段、运动训练方法项间移植对象、运动训练方法项间移植成果五大要素组成。不管什么项目之间的运动训练方法项间移植，都包含这五种基本要素，都由这五种基本要素构成。

运动训练方法项间移植要有成果，也必然会产生新的训练方法（成果），没有训练成果，就不是真正的运动训练方法项间移植，因为新的训练方法没有呈现出来。

运动训练方法项间移植的五种要素是内在的、基本的，少了哪一种都不能构成运动训练方法项间移植。说它们是内在的，就是说这五种要素是构成运动训练方法项间移植的本质成分，是它的基本内容，是运动训练方法项间移植得以成立的内在依据；说它们是基本的，就是说这五种要素是任何运动训练方法项间移植都必须具备的，不管进行哪些项目之间的运动训练方法移植，少了五种要素中的任何一种，都不是真正的运动训练方法项间移植，也无法进行运动训练方法项间移植。运动训练方法项间移植的五种内在要素是相互作用的，不可分割的，它们有机统一，形成运动训练方法项间移植系统。在该系统中起决定作用的是主体要素，教练员是整个运动训练方法项间移植系统的发起者、组织者、实施者、承担者。当然主体要素也离不开其他要素，没有其他要素，教练员就不能从事任何其他活动，主体要素也就失去了存在的意义。

虽然运动训练方法项间移植的五种要素具有各自的形式和内容，具有各自的地位和作用，具有各自的面貌和特点，但它们作为运动训练方法项间移植整体的有机组成部分，又有共同的地方，具体表现在以下几个方面。

（1）它们都是运动训练方法项间移植系统不可缺少的要素。

（2）它们都有自身的结构，本身又是一个复杂的系统。

（3）它们是相互作用的，既影响其他因素，又受其他因素的影响。

（4）它们都是具体的，在认识具体运动训练方法项间移植系统时要对它们进行具体分析。

（5）它们都是客观的，不以人的意志为转移，就是运动训练方法项间移植的目标也不能任意设定，必须符合专项训练的客观规律。

三、运动训练方法项间移植的类型

在训练实践中，运动训练方法项间移植主要发生在同项群不同项目之间和不同项群不同项目之间。运动训练方法的项间移植主要有三种基本类型。

(一) 模仿型移植

模仿型移植是一种在移植过程中运动训练方法改变不大的移植，在训练实践中有大量这种移植。其他项目的运动训练方法的思路和步骤可以借用，但必须结合本专项的训练实际进行训练手段参数及组合关系的设计。模仿型移植也可称为成果推广型移植。移植时要主动考虑将已有的训练方法向其他专项拓展延伸。拓展和延伸时，首先搞清训练方法的基本原理及适用范围，然后考虑移植后能否产生符合预期的训练效益。

(二) 改进型移植

改进型移植是在移植过程中运动训练方法改变程度较大的一种移植，改进的思路和训练手段参数、组合关系、操作程序设计都是创造性的，也可称为解决问题型移植。改进型移植从待研究的专项训练问题出发，从基本原理、方法等方面考虑移植。移植前，首先搞清移植的目的与训练方法、手段之间是否协调、适应的问题，然后借助联想、类比等手段，找到被移植的对象，确定移植的具体形式和内容，最后通过实验研究和设计活动实现训练方法的移植。

(三) 发展型移植

发展型移植主要是根据相关科学理论改进、发展和创造新的专项训练方法的一种移植，通过科学理论知识向训练方法其他结构要素渗透而实现。以此为依据，将科学理论应用于专项训练方法的具体方法有：创造、增加新的训练手段；改进已有的训练手段的功能；变化训练手段的参数及其组合关系。

第三节　运动训练方法项间移植的原则与要求

一、运动训练方法项间移植的原则

(一) 新颖性原则

新颖性是训练方法项间移植的本质要求，是训练方法项间移植首先要遵循的基本原则。

运动训练要开辟新的认识境界，创立新的训练方法，揭示本项目运动内在的新规律，同时要研究训练中出现的新问题，形成新的训练方案与方法。如果一个教练员的移植活动和移植成果没有新颖之处，不能突破以往，不能超越前人，那么他的活动就谈不上运动训练方法的项间移植。运动训练方法项间移植主要是从其他项目移植新的训练观念、新的训练思想、新的训练方法与手段。

新颖性原则要求教练员有宽广的知识、扎实的功底、敏锐的目光、精准的洞察力、较强的信息处理能力和思维能力，能及时了解本项目领域的研究现状和发展趋势，从而跟踪新的前沿，创造出新的成果。遵循新颖性原则，教练员首先要观念先导，突破陈规，构建新的设想，然后采取行动，实现预定的运动训练方法项间移植目标。

(二) 目标性原则

目标性原则是指运动训练方法项间移植要有明确的目标，在运动训练方法项间移植活动开始时，就要对运动训练方法项间移植的结果和该结果给项目训练所带来的启发有一个预期。

目标性原则是训练方法项间移植必须遵循的原则。无论进行何种具体的运动训练方法项间移植活动，也无论运动训练方法项间移植内容有着怎样的不同，都必须具有一定的目标。教练员进行运动训练方法项间移植，就是为了得到某种有益于提高本项目训练水平的结果，因而首先必须确定一定的目标，然后围绕这个目标制订一个计划和实施方案，选择一定的手段和方法，按照一定的步骤进行活动，逐步实现这个目标（图 6-1）。目标的实现就意味着运动训练方法项间移植的成功。

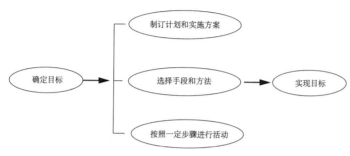

图 6-1　项间移植目标的实现步骤

（三）可行性原则

可行性原则是指运动训练方法项间移植在现实中有依据，当具备了一定的条件时可以通过教练员的努力变成现实的原则。运动训练方法项间移植是需要条件的，一定的工具、一定的手段，是运动训练方法项间移植不可缺少的条件。对于实施运动训练方法项间移植的教练员而言，他们还必须具备一定的知识、一定的能力和一定的素质，否则是不可能进行运动训练方法项间移植的。对于某些前沿学科专业领域的运动训练方法项间移植，还需要相应的专门知识，任何项目训练方法的项间移植都是如此，只是不同的运动训练方法项间移植有不同的条件要求而已。

可行性原则要求我们重视条件，但也不能等一切条件都具备了，才去进行运动训练方法项间移植。运动训练方法项间移植活动是探索性的活动，所有条件都具备的情况是不会出现的，这就要求我们创造条件，尽量争取更多的有利条件，消除不利的条件。有利条件越多，可行性就越高，成功的把握就越大；有利条件越少，可行性就越低，成功的把握就越小。

（四）科学性原则

科学性原则是指运动训练方法项间移植要从实际出发，实事求是，不盲从，不迷信，我们要按照专项训练规律的本来面目对其加以认识和改造。在运动训练方法项间移植中既不违背训练规律又利用训练规律，这就是科学性原则的根本要求。

运动训练方法项间移植的过程和成果要经过逻辑的反复论证，要经过训练实践的反复检验，要经过运动成绩的检验和审视，才能被一个项目所理解和接受，才会产生应有的训练效益。

（五）灵活性原则

灵活性原则也叫辩证原则，核心思想是运动训练方法项间移植要随着具体专项实际情况的变化而变化。灵活性原则也是进行运动训练方法项间移植必须遵循的基本原则，无论是相对复杂的训练方法项间移植还是比较简单的训练方法项间移植，无论是一般性运动训练方法项间移植还是专项性运动训练方法项间移植，都要运用灵活性的原则。

灵活性原则要求教练员和运动员懂得运动训练方法项间移植的辩证法，灵活地运用辩证的观点去处理运动训练方法项间移植中的一切问题，反对形而上学的静止观和孤立观，克服固有的思维定式和传统的习惯做法。

二、运动训练方法项间移植的要求

（一）正确把握运动训练方法项间移植的限度

应用运动训练方法项间移植时，要对被移植的训练方法和接受移植的专项有充分的了解，并准确把握移植的限度。因为运动方法项间移植的适用范围会受到一定客观基础与主观认识的限制，移植的跨度越大，这种限制表现得越突出。所以，必须认真分析和准确把握移植的限度。

（二）开阔眼界，勇于打破陈旧训练观念

开阔眼界，勇于打破陈旧训练观念，是实现运动训练方法项间移植的第一个基本要求。

就我国目前的训练实际而言，一些训练项目的训练观念依旧比较陈旧，这对训练思想、训练方法都有很大的影响。因此，运动训练方法项间移植要从解放思想，勇于打破原有陈旧训练观念开始，这要求教练员和运动员要破除陈旧的训练观念与固有的训练思维定式。

在当今的训练实践中，开阔眼界具有特别重要的意义。竞技体育格局急剧变化，科学技术突飞猛进，知识信息日新月异，这就要求教练员的训练观念跟上时代的步伐，随着潮流的发展而变化。不仅如此，教练员的训练观念还要有超前性，要为未来的训练实际变化提供理论指导。如果我们囿于固定的训练模式，囿于传统的训练观念，死抱住以前的训练方法与手段不放，就无法适应快速变革的世界竞技体育新格局，更无法为专项训练实际提供新的理论指导。

（三）获取大量训练方法的信息，选准运动训练方法项间移植的突破口

信息是事物本身固有的特性，是显示事物存在的状态、本质和运动变化的消息。运动训练方法项间移植离不开信息，信息越丰富、越准确，越有利于运动训练方法项间移植活动的进行。

运动训练方法项间移植就是对训练方法信息的利用和重组。

教练员利用各种各样的材料，在头脑中构建一个新的训练观念客体和新的训练方法与手段，并在训练实践中将之实现的过程就是运动训练方法项间移植。运动训练方法项间移植利用的材料，实际上就是训练方法的信息。运动训练方法项间移植不仅要以信息作原料、作手段，而且运动训练方法项间移植是否符合新颖性原则，也取决于信息。由此可见，大量的训练方法信息在运动训练方法项间移植中具有重大的作用。

在运动训练方法项间移植活动中，首先，我们要学习、吸收大量其他专项的训练方法信息，尽可能广地了解相关的信息，特别是要了解最新的信息，把握训练方法发展的最新动态，从而根据训练实际的需要和本专项的发展可能选好运动训练方法项间移植的课题。其次，要筛选信息、判断信息，了解信息对运动训练方法项间移植目标实现的意义和价值，根据信息的作用选准运动训练方法项间移植的突破口。最后，要不断地与其他项目交换信息，根据训练方法的信息变化来导引运动训练方法项间移植过程，修正运动训练方法项间移植的计划和方案，实现运动训练方法项间移植的目标，力争运动训练方法项间移植效益的最大化。

（四）捕捉运动训练方法项间移植的灵感

灵感在运动训练方法项间移植中有着重要的作用：一是导向作用，人们在运动训练方法项间移植活动中面对着复杂的新领域，有时难以确定前进的方向，偶发的灵感往往会指引教练员和运动员沿着正确的方向前进；二是启迪作用，灵感往往通过形象的暗示或正确的思路，启迪教练员和运动员做出正确的判断，使他们少走弯路，加快前进的步伐；三是顿悟作用，就是直接为教练员和运动员提供你某些疑难问题的正确答案，使教练员和运动员明白解决问题的关键所在。可见，灵感是运动训练方法项间移植活动的加速器，是运动训练方法项间移植成果的催化剂。因此，在运动训练方法项间移植活动中，必须尽可能地开发潜意识，捕捉运动训练方法项间移植的灵感。

要开发潜意识，捕捉运动训练方法项间移植灵感，就要丰富训练阅历，提高文化素质，做好迎接移植灵感降临的准备，具体方法如下。

（1）注意平时不经意的那些思想冲动，特别是要把那些偶然产生的运动训练方法项间移植冲动和运动训练方法项间移植欲望提炼出来，形成正式的创意。

（2）重视灵感、抓住灵感，提高把握灵感的能力，灵感一旦来临，就要及时地记录和思考。

（3）保持好奇心，培养广泛的兴趣，丰富想象力，特别是学会联想，把那些无意的念头与有意的运动训练方法项间移植联系起来。

（4）劳逸结合，有张有弛，经常放松心情，保持身心健康。

（五）学习科学方法，掌握运动训练方法项间移植的技巧

科学方法对运动训练方法项间移植非常重要，它是运动训练方法项间移植的门路和程序，是顺利地达到训练方法项间移植目标的路径，是解决训练方法项间移植问题的钥匙。项间移植方法恰当，就能迅速而有效地实现训练方法项间移植，收到事半功倍的效果。方法不恰当，往往事倍功半，甚至导致项间移植走入死胡同，实现不了训练方法的项间移植，因此教练员和运动员要努力学习科学的项间移植方法，掌握训练方法的项间移植技巧。

从事训练方法项间移植，首先，要懂唯物辩证法，用辩证法指导运动训练方法项间移植，有利于科学地运用各种具体方法，灵活地解决运动训练方法项间移植中的各种具体问题；其次，要了解和运用运动训练方法项间移植的一般方法，如逻辑思维和形象思维方法、收敛思维和发散思维方法、求同思维和求异思维方法等科学的思维方法以及联想法、列举法、组合法、比较法等；最后，要掌握从事的具体训练方法项间移植所要求的特殊方法，不同的训练问题要用不同的方法去解决，也要注意综合运用多种方法，并通过比较选择得到最

佳的方法。只有这样，才能取得最佳的运动训练方法项间移植成果。

（六）利用现代科技工具，提高运动训练方法项间移植的效率

现代运动训练方法项间移植的手段越来越先进，运动训练方法项间移植的工具越来越高级。这为提高运动训练方法项间移植的效率，推进运动训练方法项间移植的广度和深度提供了极为有利的条件。

现代科技工具是一个庞大复杂的系统，一个人很难全部掌握，也不需要全部掌握，因为不同的运动训练方法项间移植需要不同的工具。对现代的教练员来说，计算机和网络是从事运动训练方法项间移植强有力的工具。不论从事何种运动训练方法项间移植工作，都需要获取大量的信息，而计算机和网络是获取信息最快最有效的工具。因此，教练员在运动训练方法项间移植活动中，要努力掌握计算机和网络等现代工具，运用各种现代仪器设备，提高运动训练方法项间移植效率，取得最好的运动训练方法项间移植效益。

（七）实践运动训练方法项间移植方案，获取运动训练方法项间移植成果

运动训练方法项间移植首先是设想，是创意，是在头脑中制订的行动方案。但方案毕竟还不等于运动训练方法项间移植，这只是运动训练方法项间移植的第一个阶段，这个方案只有通过实践，变成了现实，获取了运动训练方法项间移植成果，才是训练方法项间移植的完成。因此运动训练方法项间移植最关键的步骤，还是实践运动训练方法项间移植方案，获取运动训练方法项间移植成果。

第四节　运动训练方法项间移植的特点与过程

一、运动训练方法项间移植的特点

通常情况下，当我们准备在运动训练的过程中移植某一种方法时，最先考虑的一个问题便是"怎么去做"，而要解决这个问题就需要考虑运动训练方法项间移植的特点。本书以调查研究为基础，通过逻辑分析与归纳，总结出运动训练方法项间移植一般会呈现出以下几方面的特点。

（一）多样性

在运动训练的过程中，要想解决训练中存在的问题，并不是一定要采用某种具体的方法来解决，而是完全可以靠训练方法的项间移植来实现。而在具体的移植过程中，一般只有一个移植方向，对具体移植什么样的方法才能解决训练中的问题并没有特别的规定，只要能解决训练中存在的问题便可以进行训练方法的移植。至于这种训练方法源自何处，一般都不会予以特别考虑。这也为解决专项训练中的实际问题提供了较大的可能性，使得运动训练方法项间移植表现出很强的多样性。

（二）相对性

虽然运动训练方法项间移植有助于解决各类训练问题，但一种训练方法从一个运动项目中被移植到另一个运动项目中，并不可能完全解决目标运动项目训练中存在的全部问题，因

此，运动训练方法项间移植总是相对的。只要有助于训练问题的解决（并不考虑其解决问题的彻底性）就认为它值得进行项间移植。

（三）相似性

在实践中，将一种训练方法从一种项目移植到另一种项目，主要是因为这些运动项目在某些方面具有一定的相似性，这样将某项目上适用的训练方法移植到另一项目中，才有可能产生相似的促进和提高效果。否则，很容易出现方法不适用的问题，不仅不利于运动员运动成绩的提高，还有可能给运动员带来一些危害。因此，运动训练方法项间移植具有相似性。

（四）变通性

运动训练方法项间移植虽然是将原来适用于某一运动项目的方法移植到另一运动项目上，但在方法的移植过程中，千万不能生搬硬套，而要在移植的过程中加以变通，以便增强该方法在移植运动项目上的适用性。这样做虽然可能导致移植后的方法与未移植前的方法表现出一定的不同，但能够使该训练方法在受移植的专项上行得通，而这也使运动训练方法项间移植表现出变通性。

（五）选择性

在运动训练的过程中，一个训练问题的解决或许可以从许多项目上找到适合移植的训练方法，但具体移植哪一个项目的训练方法，还需要教练员结合运动员的训练情况、训练问题的特征、运动项目之间的相似性等诸多因素予以综合考虑，最终选择出能快速解决训练问题且有助于运动员训练成绩提高的训练方法。这一做法体现了运动训练方法项间移植的选择性。

（六）实用性

一般情况下，将一个运动训练项目上的训练方法移植到另一个运动项目上，主要是为了解决运动员在训练过程中存在的诸多问题。从这一层面来说，移植训练方法是为了解决具体的训练问题，解决具体专项训练问题需要具体的训练方法，移植的不论是什么层次的训练方法，一定要具体、成熟，这显示了运动训练方法项间移植的实用性。

（七）系统性

运动训练方法项间移植本身是一个系统，它由各种相关要素按照一定的结构有机构成。那么，不管什么项目之间的运动训练方法移植，都具有其他系统所具有的一般特征，因此，要对运动训练方法项间移植进行系统分析，这就体现了运动训练方法项间移植的系统性。

系统具有结构性，运动训练方法项间移植也是如此，运动训练方法项间移植的组成要素是按照一定比例、一定秩序、一定方式有机构成的。结构合理，有利于运动训练方法项间移植系统发挥整体的优势；结构不合理，可能导致各要素相互冲突，使整体的功能小于各要素的功能，无法形成整体优势（图6-2）。运动训练方法项间移植要素的结构发生了变化，运动训练方法项间移植系统也必然发生相应的变化，因而要从整体的角度确定运动训练方法项间移植要素间的优化结构。

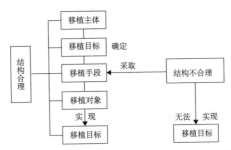

图 6-2　运动训练方法项间移植的系统结构性

（八）渗透性

在运动训练的过程中，解决训练中的一个问题，需要许多方法共同作用。进行运动训练方法项间移植虽然可能只移植了一种方法，但所移植的方法并不是单独发挥作用的，而是和别的方法共同起作用。因此，移植的训练方法一定要能渗透到别的训练方法中去，并能与其他训练方法相融合。

（九）突破性

在运动训练的过程中，当一种训练方法从一个运动项目移植到另一个运动项目时，伴随着运动项目的变化以及运动员的变化。这种移植可能使被移植的运动项目的训练水平产生十分明显的、突破性的变化，其作用可能大大出乎人们的预料，这实际上也就是运动训练方法项间移植的突破性的体现。运动训练方法项间移植的突破性带来的往往是较大的训练成果，这种成果也是我们在实际训练工作中所求的。

二、运动训练方法项间移植的过程

训练方法项间移植的过程是训练方法项间移植活动发生、发展和完成的过程，也是教练员发现问题、分析问题和解决问题的过程。它既然是一个过程，那么必然会经过一定阶段。对运动训练方法项间移植过程阶段进行分析，有助于我们更好地把握运动训练方法项间移植的规律，进而更好地开展运动训练方法项间移植。具体来看，运动训练方法项间移植主要由构思设计阶段和组织实施阶段两阶段构成，这两个阶段下又包含着若干工作，具体如图 6-3 所示。

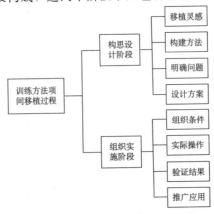

图 6-3　运动训练方法移植过程的结构层次

（一）构思设计阶段

不管进行何种训练方法的项间移植，首先，必须做好设想与构思，其主要任务是建构观念客体。在构思设计阶段，教练员要根据运动员在运动训练中存在的问题以及运动项目的特点、训练方法项间移植的需要等现实因素选择合适的训练方法。而这需要教练员动用头脑中的知识，调动一切智慧因素，通过比较、分析、论证等环节，构思出行动方案，使训练方法的项间移植得以进行。

构思设计阶段又可分为四个小阶段，分别为训练方法项间移植灵感、构建方法、明确问题、设计方案，这四个阶段也是构思设计阶段的四个步骤。

其中，训练方法项间移植灵感是整个构思设计阶段的开端，一般源自训练的现实需要。在具体运动训练的过程中，人们常常会碰到许多现有理论、方法不能解决的问题，在寻找解决这些问题的方法的过程中，便会形成训练方法的项间移植灵感。构建方法是在训练方法的项间移植灵感的基础上进行的，是通过对不同训练方法的收集、积累、分析、取舍、重组，最终确定合理、适应的可移植的方法。明确问题是训练方法项间移植思维运作的具体过程，主要通过对训练过程中的问题加以分析和界定来确定训练方法项间移植的目标，形成解决问题的正确思路。明确问题是思维发挥最大作用的过程，在这个过程中，要灵活而综合地运用多种思维形式和非思维形式使问题豁然开朗。设计方案是在明确问题以后，围绕训练方法项间移植目标，制订具体的计划，从中选择最佳的训练方法进行移植，使之变成一个具体可行的实施方案。制订方案是前三个阶段的必然结果，方案的制订把头脑中的构思变成了具体可行的方案，让构思具有更高的可操作性，对具体的项间移植训练实践活动具有直接的指导意义。

（二）组织实施阶段

在构思设计运动训练方法项间移植并确定了具体的行动方案以后，便可以进入组织实施阶段。组织实施阶段是运动训练方法项间移植从理论步入现实的关键环节，也是运动训练方法项间移植设计的最终完成和体现。

从具体过程来看，组织实施本身又是一个复杂的阶段，它包括组织条件、实际操作、验证结果、推广应用四个更小的阶段或步骤。其中，组织条件是按照训练方法项间移植方案的要求，为实际操作、验证结果、推广应用打下坚实基础的关键一步。实际操作是具体执行训练方法项间移植方案，把设想变成现实的决定性步骤。在操作过程中若发现新问题，教练员应及时调整移植的训练方法和手段，使移植的训练方法适应本专项的要求。验证结果便是通过逻辑分析与理论论证，以及再次应用移植的方法来指导训练，用训练实践来检验结果、修正结果，对运动方法项间移植的结果与预期目标进行比较分析，提出修改意见，并反馈到初始状态，调整原来的设想方案，重新进行操作、验证，多次反复，直至成功的一个阶段。验证结果阶段一般会有多次重复，也需要贯穿整个操作过程的始终。推广应用是在验证了训练方法项间移植的效果后，将其在这个项目上进行推广，以广泛提高该项运动的训练水平的一个重要步骤。通过推广应用，能检验训练方法项间移植成果的功能和作用，促使人们改进训练方法项间移植成果，从而改善训练方法项间移植新成果的不足和缺陷，推动训练方法项间移植的不断发展。

在组织实施阶段，以上四个阶段是前后相继又不可分割的，并且相互渗透，每一步都有其他步骤的因素，构成一个统一的以完成训练方法项间移植目标为任务的实施阶段。组织条件是实施阶段的第一步，是训练方法的项间移植方案在实施过程中的首要要求，也是设想阶段在实施阶段的延伸。

第七章　田径运动训练方法研究

第一节　竞走和跑步类项目训练方法

一、竞走类项目训练方法

竞走是两腿交替迈步前进，与地面保持不间断的接触。竞走时在任何时间都不得两脚同时离地。迈步时，后脚必须在前脚落地后离地；每走一步，向前迈步的脚在着地过程中，腿必须有一瞬间的伸直（膝关节不得弯曲）。特别是支撑腿在垂直部位时必须伸直。

竞走比赛项目主要有：男子场地 10 公里、公路 20 公里和 50 公里，女子场地 5000 米、公路 10 公里和 20 公里等六个项目。目前，我国竞走运动已冲出亚洲，走向世界。

竞走是一项很好的运动项目，它不受年龄、季节、场地条件限制，经常练习竞走能增强全身肌肉力量，提高呼吸系统和循环系统功能，更能培养吃苦耐劳、不怕困难等意志品质。

（一）竞走的基本技术

1. 下肢动作

下肢动作是竞走技术的主要部分。在竞走的一个动作周期里，单腿动作可分着地缓冲、后蹬、前摆、准备着地四个阶段。

（1）着地缓冲：竞走时，一条腿自脚跟着地起到身体垂直支撑止为着地缓冲。其作用是减少着地时的阻力，完成缓冲。要求着地脚跟靠近运动的中线先着地，然后通过脚外侧柔和滚动过渡到全脚掌着地，呈下扒状态，使身体重心很快移到支撑点上，此刻膝关节必须伸直。当身体与地面垂直时，支撑腿同侧骨盆稍有升高以缓冲着地时的阻力。

（2）后蹬：当身体重心前移超过垂直面到脚趾离开地面支撑为后蹬阶段。其作用在于积极扒蹬地面，使人体获得前移动力。后蹬动作过程主要有支撑腿蹬地、摆动腿前摆和骨盆沿身体垂直轴转动、髋关节积极前移。

（3）前摆：从支撑腿蹬离地面到膝关节摆至最高点为前摆阶段。支撑腿脚蹬离地面后，小腿微向上摆，脚掌稍离地面，屈膝向前摆动，大腿不要高抬，髋部放松，骨盆沿垂直轴向前转动，腰部微前挺。

（4）准备着地：由膝关节前摆至最高点到脚跟即将着地，称准备着地阶段。此时，膝关节伸直，脚尖放松稍内转，重心前移，腿和脚呈鞭打动作，积极准备着地。

2. 上体和摆臂动作

上体正直稍前倾，眼看前方，颈部肌肉放松。摆臂时两手半握拳，两臂曲肘约成 90度于体侧配合两腿摆动，前摆时手接近胸骨，不超过身体中线和下颌，后摆稍向外，屈臂角度稍大于垂直时的角度。为维持身体平衡，加强后蹬效果，两肩与上体配合两腿动作，沿身体纵轴稍有转动。

3. 身体重心的移动

竞走时身体重心起伏和左右摇摆较小，身体重心轨迹接近直线向前移动。竞走中所有动作都应力求使身体重心轨迹近似直线向前移动。

(二) 竞走的具体训练方法

1. 学习脚着地技术

(1) 原地两脚前后站立（前脚脚跟着地，后脚脚掌着地），后脚蹬伸送髋使前脚由脚跟着地滚动为全脚着地，反复若干次。

(2) 前摆小腿，脚跟着地放松走。

(3) 脚跟着地放松大步走。

2. 学习骨盆沿身体纵轴转动和脚着地技术

(1) 交叉步走，体会骨盆围绕身体纵轴转动和脚着地技术。

(2) 沿直线做普通大步走（要求脚跟先着地）。

(3) 两脚左右开立（同肩宽），做骨盆回环转动。

(4) 两脚左右开立（间隔一脚左右），两肩前平屈，手心向下。肩与骨盆围绕身体纵轴做方向相反的转动练习。

3. 学习摆臂与腿部动作配合技术

(1) 原地摆臂练习。

(2) 原地摆臂听信号（掌声、口令等），做不同节奏练习。

(3) 原地摆臂配合骨盆沿纵轴转动，反复若干次。

(4) 行进间，臂、腿配合练习100～200米。

4. 学习完整技术练习

(1) 普通走过渡到竞走20～30米。

(2) 较小步长的快步竞走。

(3) 较大步长的快步竞走。

(4) 中速弯道竞走200～300米。

(5) 快速竞走200～400米。

(6) 变速竞走（100米慢竞走与100米快竞走交替进行）。

二、跑步类项目训练方法

(一) 中长跑训练方法

中长跑是中距离跑和长距离跑的简称。中跑有800米、1500米和3000米跑。长跑有5000米和10 000米跑。

1. 中长跑的特征

中长跑尤其是长跑时需要较长时间连续不断保持较高强度的全身运动，运动员既要跑得快又要跑得持久。若运动员想要比赛或测验中跑出好的成绩，在一定意义上要全力以赴地奔跑。因此，中长跑对运动员提出全面而较高的要求，如运动员必须具备明确的运动目的、坚强的意志、良好的心肺功能、完善的中长跑技术、合理的体力分配等。只有以上要素协同作用，运动员才能获得良好的运动成绩。

2. 中长跑的技术要领

中长跑是人们有意识的主动运动，它是人体内各有关子系统协同作用的外在表现。中长跑要求运动员具备合理的运动意识和运动方法。

（1）明确坚定的中长跑意识。人的一切运动都是人的内在意识的体现，想跑和不想跑会产生两种截然不同的结果，因此，忽视建立中长跑意识是不科学的。中长跑意识是中长跑的先导，是无形的力量。在中长跑中要求运动员具有明确的运动目的，强烈的运动欲望，跑好、跑快的必胜信念，完善的中长跑技术，完美的运动形象，坚定不移、从容不迫的运动气概。

（2）中长跑运动技术。各中距离跑的技术基本上是相同的，只是因为跑速和强度的不同，在跑的技术细节上也有不同程度的差异。

①起跑及起跑后的加速跑：起跑一般用站立式起跑。起跑前，运动员在起跑线后3米的集合线上准备。

当运动员听到"各就各位"时就跑到起跑线后，两脚前后开力，有力的脚在前，紧靠起跑线的后沿，后脚用前脚掌着地。听到枪声后，两脚用力蹬地，两臂配合积极摆动，使身体迅速向前冲出，力争在短时间内获得较高的跑速。

②途中跑：在途中跑时，上体保持正直或稍前倾，两眼平视，两手大小臂弯曲约90度，以肩为轴自然摆动，当摆动腿前摆时，支撑腿迅速伸展髋、膝、踝关节并蹬地。进入腾空后，大腿向前上方摆动，大小腿顺惯性自然折叠，摆动腿落地时，脚落地点更靠近身体重心投影点。脚与地面接触后，落地腿、膝、踝关节做缓冲动作；在垂直阶段，脚跟稍向下沉，缓冲脚落地时产生的冲击力为过渡到后蹬创造良好条件。在弯道跑时，身体内倾，左臂靠近身体摆动，后摆时，用力较大。在途中跑时，必须合理地分配体力，灵活运用各种战术，如领先跑、跟随跑、变速跑等。

③终点冲刺跑：终点冲刺跑是指临近终点时的最后一段距离的拼跑。冲刺跑的时机根据项目、个人的能力以及战术要求而定，一般情况下，800米跑可在最后200～250米开始加速跑，1500米跑可在最后300～350米开始加速跑。3000米跑及以上可在最后400米甚至更长距离时开始加速跑。

④中长跑的呼吸：中长跑时的呼吸是很重要的，运动员没有良好的呼吸功能就难以取得优异的成绩。呼吸应以满足跑时身体的需要为主，与跑速相一致，做到深沉有力，用鼻与半张开的口吐吸气，呼吸节奏一般是三步一呼、三步一吸，或二步一呼、二步一吸。中长跑出发后就应注意呼吸的方法、深度和节奏，以防氧债提前出现和加剧。轻视呼吸、被动呼吸和表浅的呼吸都是错误的。

⑤中长跑时的战术：中长跑时实施正确的战术是取得优异成绩的要素之一，战术的失误将导致整体的失利。理论与实践都证明匀速跑是最好的战术，它有利于创造好成绩。为了战胜对手，有时也运用变速跑战术。通常耐力好者采用领先跑，而速度好者往往采用跟随跑，这种跟随跑的战术又被称为伺机夺取战术。合理的战术一定要做到知己知彼，切合气候场地等实际情况。最不明智的做法是开始时跑得太快，而之后却越跑越慢，甚至半途而废。鲁莽不行，胆怯也不行。只有勇敢、理智、善于控制自己的速度并具备顽

强的作风，才能运用好战术。

3. 中长跑的具体训练方法

（1）一般耐力练习

①耐力通常是衡量身体健康水平的标志。一般耐力的训练方法有：定时跑、强度较小的越野跑和爬山。

②球类活动（如结合中长跑的特点，采用人盯人的方法进行篮球和足球比赛）。

③滑冰、滑雪和其他体力练习。

（2）专项耐力练习

专项耐力练习一般安排在比赛（或考试）的前一阶段进行，应有计划、有节奏地重点发展专项耐力。发展专项耐力、速度感和跑的节奏的方法如下：

①较长距离的反复跑（如 800 米跑、1000 米跑等）。

②变速跑（80 米快跑＋120 米慢跑）。

③越野跑。

④配合定期的检查跑与参加接近专项、专项和超专项的比赛。

（3）中长跑练习的注意事项

练习应注意循序渐进，掌握适宜的运动量。练习时心率控制在每分钟 130～150 次较适宜；练习应持之以恒，耐力练习不仅是人的生理与体力练习，而且是人的心理与意志力的练习，只有不断地练习，才能更有效地增强体质；速度练习是始终贯穿于中长跑训练中的主线，只有不断缩短单位距离所用的时间，打破原有的节奏，才能提高成绩。

（二）短距离跑训练方法

短距离跑（以下简称短跑），是一项典型的极限运动。它要求人体在最短的时间内，以最快速度跑完规定的距离。短跑是 400 米和 400 米以下距离跑的通称。

1. 短跑技术

短跑技术包括：起跑、起跑后的加速跑、途中跑、终点跑、弯道起跑和弯道跑技术等几部分。

（1）起跑

起跑的任务是使身体迅速摆脱静止状态，获得向前的最大冲力，尽快发挥速度转入途中跑。起跑过程包括"各就各位""预备""鸣枪"三个环节。

①听到"各就各位"口令时，运动员两脚蹬紧起跑器（对运动员起跑反应时间进行监测的电子装置），两手四指并拢与拇指成八字形，两手稍宽于肩支撑在起跑线后。肩在起跑线的垂直上方，颈、背自然放松，目视前方，冷静听候"预备"口令。

②听见"预备"口令时，从容抬臀稍高于肩，两臂伸直，身体重心前移，身体肩线超过起跑线，稳定这种姿势静听枪声。

③听到枪声后，两手迅速推离地面，同时屈肘有力前后摆，两脚迅速蹬离起跑器，以较大前倾姿势跑出。

（2）起跑后的加速跑

起跑后，立即转入加速跑，加速跑的距离一般为 20～30 米，用 11～13 步跑完。起跑后，两臂加快摆速，两腿交替用力蹬伸，逐渐加大步长和加快步频，上体逐渐抬起进入途中跑。

（3）途中跑

途中跑是短跑的主要部分，距离最长，速度最快，分为以下三个阶段。

①前摆和后蹬阶段：当身体重心移过支撑垂面，即进入前摆与后蹬阶段。后蹬动作，首先从伸髋关节开始，当身体重心远离支撑点时，才迅速有力地伸直膝关节和踝关节，最后用脚趾蹬离地面。在后蹬结束时，髋、膝、踝关节迅速伸直，使后蹬的反作用力有效地通过身体重心，更快地推动身体重心向前运动。

②腾空阶段：摆动腿以髋关节为轴积极下压，膝关节放松，小腿随摆腿下压，惯性自然向前下伸展，同时脚作背屈动作，准备着地时，踝关节做有力的扒地动作。这时，当蹬地腿蹬离地面后应放松刚刚参加后蹬活动的肌肉，大腿积极向前上方摆动，小腿放松顺惯性向上和大腿自然折叠，以缩小前摆半径，增加向前摆动的速度。

③着地缓冲阶段：着地动作应是非常积极的。前脚掌着地时，支撑腿部各关节主动缓冲，同时背屈的踝关节应积极地做背伸，完成"扒地"动作，随即转入后蹬阶段。

在途中跑中，头应正对前方，上体正直或稍前倾，两臂的摆动要积极有力。以肩关节为轴，手前摆不超过鼻子，后摆至最大限度。

（4）终点跑

终点跑是全程跑的最后一段，技术和途中跑基本相同。终点跑应力求在疲劳状况下保持途中跑的正确技术，动员全部力量，以最快的速度跑过终点。这时，上体可适当前倾，并注意加强后蹬和两臂的同时摆动。到离终点最后一步时，上体迅速前倾，用胸部冲过终点线。

（5）弯道起跑和弯道跑技术

①弯道起跑和起跑后的加速跑：为了便于加速，起跑后的开始阶段应沿着直线跑进，因此，起跑器应安在跑道的右侧方，正对弯道内侧切点方向。

②弯道跑技术：弯道跑近似圆周运动，身体应采用向左倾斜的姿势，沿弯道内侧快速跑进，跑速加快，向左倾斜的程度相应增大。后蹬时，右脚用内侧脚掌，左脚用外侧脚掌着地。腿的摆动，右膝稍向内，左膝稍向外，右臂摆幅大于左臂。

2．短跑的具体训练方法

短跑的成绩主要取决于反应时间、加速能力、最大速度能力、维持最大速度的时间。上述四项都与神经反射速度、强度、均衡性、灵活性和神经细胞工作的耐久力有关，因此所有练习均应围绕短跑神经系统进行。同时应注意短跑的技术动作，如后蹬角度、肩横轴与髋横轴的转动、躯干姿势和摆臂动作等。还要注意发展肌肉力量，提高肌肉力量的柔韧性、关节的灵活性及身体的协调能力。

反应时间是人们听到信号后快速反应所用的时间，训练方法有听到枪声启动、听到击掌或门铃启动等。

加速能力是人体从静止状态快速奔跑起来至最大速度的能力，训练方法主要有 30 米加速跑、单足加速跑、原地快速小步跑接 15 米加速跑等。

最大速度能力是一个动态指标，主要是指运动员本人的绝对速度。随着人们各方面素质的提高，绝对速度也可不断地提高。训练方法有反复冲 15 米标记练习（插两根标枪间隔 15 米，当起跑至最快速度时再全力跑 15 米）。辅助练习还有各类跳跃练习，如三级跳、跨步跳、两跳一换等；负重力量练习，如负杠铃深蹲、半蹲、单腿蹬台阶交换跳、挺举、抓举等。

速度耐力是指维持最大速度的时间，严格地讲，100 米、200 米、400 米跑的速度耐力练习在长度上是不同的。对于一个没有参加过短跑训练的人可进行一个月的短跑集训计划（100 米跑），并略做分析。训练总课次 8～10 次，每次训练时间 2 小时，每周训练 2～3 次，训练间隔 2 天，每次练习 6～8 趟 100 米，每趟间隔 18～20 分钟。

（三）接力跑训练方法

接力跑是由短跑和传、接接力棒组成的集体赛跑项目。接力跑项目的种类很多，在正式田径比赛中主要有 4×100 米接力跑和 4×400 米接力跑。

接力跑完成效果的优劣直接反映在成绩上，而成绩不仅仅取决于每棒队员的个人速度，在很大程度上也取决于全队的配合程度和传、接棒技术的熟练度。

1. 4×100 米接力跑的训练方法

（1）起跑

①第一棒起跑方法：用右手持棒，采用蹲踞式起跑，其技术与弯道跑技术相同。

②接棒人起跑的方法：第二、三、四棒的起跑采用半蹲踞式的起跑方式或站立式的起跑方式。在接力区后端或预跑线内，选定起跑位置。

（2）传接棒的方法

传接棒的方法有上挑式和下压式两种。比赛中可以两种方法混合使用。

①上挑式：接棒人手臂后伸，四指并拢，掌心向下，虎口张开朝前，传棒人将棒由下向前上方挑送入接棒人的手中。

②下压式：接棒人手臂后伸，掌心向上，虎口张开朝后，传棒人将棒自上而下压放在接棒人的手中。

（3）起跑标志线的确定和传、接棒的时机

①标志线的确定：标志线是根据传棒人和接棒人的跑速和传接棒技术熟练程度来确定的，一般是在预跑线的后面，具体位置应通过队员之间反复练习来核准确定。

②传、接棒的时机：传棒人和接棒人相距约 1.5 米时，传棒人立即发出"接"的信号，接棒人立即后伸手臂接棒。传接棒完成的最合适的位置是距接力区前沿约 3～4.5 米处。

（4）各棒队员分配

在安排队员时，首先要考虑发挥每个人的特点，一般是：第一棒安排起跑技术好、善于跑弯道的；第二棒安排速度耐力好、善于传接棒的；第三棒除具备第二棒的条件外，还要善于跑弯道；把速度最快、冲刺能力强、拼劲最足的安排在第四棒。在接力比赛的棒次安排上还应考虑将速度相近的队员安排在一起交接棒，以避免相互压速度。

2. 4×400 米接力跑的训练方法

4×400 米接力跑，跑速在最后阶段明显降低，所以传、接棒技术比较简单。传、接棒的方法和时机都是根据传接棒队员的最后速度决定的。第一棒队员采用蹲踞式起跑，其技术与 4×100 米相同，其余三棒均采用站立式起跑。传、接棒的方法多采用换手法，即接棒人用右手接棒，跑到最后一个直道时再换到左手传棒，最后一棒就不必换手。4×400 米接力跑第一棒应安排起跑技术好、实力强的队员，争取领先，以利于第二棒抢得内道的优先主动位置。第四棒应是实力最强的队员，这对最后胜利起着重要作用。

（四）跨栏跑训练方法

跨栏跑技术有四个要点：①栏间跑时身体重心起伏应保持平稳，特别是过栏时身体重心起伏不应过大；②过栏时不应减速，要求完成一系列动作越快越好，尽量缩短腾空时间；③栏间跑不但要求跑得快，跑得直，而且要求步数固定，动作有节奏；④过栏和跑紧密衔接，不应有任何停顿。跨栏跑技术分为起跑到第一栏、跨栏步、栏间跑、终点冲刺撞线四个环节。这里以110米栏为例介绍跨栏跑技术。

1. 起跑到第一栏

起跑是从蹬离起跑器开始到第一栏起跨前。其任务是在固定的距离内用固定的步数发挥出较高的速度，一般用八步跑完。

2. 跨栏步

跨栏步是指腾空越过栏架的一步。动作从起跨脚踏上起跨点到摆动腿的脚下栏着地。跨栏步可分为起跨攻栏、过栏和下栏三个环节。

（1）起跨攻栏：跨栏技术的好坏，很大程度上取决于起跨栏动作的准确程度。准确程度又与起跨前一步的大小（起跨点距栏架约2～2.2米）和起跨角度（约60度）有密切关系。起跨脚要快放、放正。摆动腿要积极前摆高抬，过栏时小腿迅速前伸，大腿下压，小腿回收做下栏时的"鞭打"动作；起跨腿快速有力地充分蹬伸，加速重心前移；同时，异侧手臂快速有力地向前伸出，维持身体的正位平衡。

（2）过栏：过栏时运动员的胸部和摆动腿膝关节正对前方，膝关节略微弯曲，这样有助于积极下栏并进入栏间跑；前腿异侧臂快速有力地前伸，对过栏时身体重心前移和栏上平衡可起到积极作用。起跨腿在充分蹬伸结束后，膝关节、脚向外侧旋转。前腿在做下栏时，后腿向上向前提拉，前腿下压，后腿提拉，两腿做协调快速的剪绞动作。

（3）下栏：当摆动腿的脚跟越过栏架后，整条腿积极下压，以"鞭打"动作切栏而下，脚着地后踝关节缓冲，而膝、髋关节则尽量保持伸直。起跨腿越过栏板后提拉至胸时，小腿仍保持收起，准备跑出栏间第一步，一般下栏点距栏架1.3～1.5米为宜。

3. 栏间跑

栏间跑是从下栏着地到下一栏起跨点之间的跑法，其任务是以正确的节奏、最快的速度通过每一栏间距离，为跨栏创造速度，为起跑提供条件。

两栏之间应用三步跑完，一般第一步步长在1.50～1.60米，第二步步长在2.00～2.25米，第三步步长在1.90～2.00米，三步步长不等。栏间跑要尽量使重心处于较高部位，减少上下起伏，上体保持适当前倾。总的要求是频率快、节奏好、重心高、方向直。

4. 终点冲刺撞线

跨最后一栏时，下栏动作要更加积极。加强蹬摆、加大摆臂动作，上体前倾奋力冲向终点撞线。

第二节 跳跃类项目训练方法

跳跃是运用人体自身能力（或借助一定的器材）按所需方向，通过一定的运动形式，使人体跳跃尽可能高的高度或跳跃尽可能远的远度的一种运动。

一、跳高类项目训练方法

（一）跳高的技术动作

跳高是田径运动中的一个越过垂直障碍的跳跃项目。现阶段跳高技术的发展已使背越式跳高技术替代了其他跳高技术。

背越式跳高技术：人体通过弧线助跑，起跳以背对横杆的姿势越过横杆的技术叫背越式跳高技术。背越式跳高技术能使运动员更好地利用水平速度使重心向上腾起，并合理地利用腾起高度做过杆动作，技术含量高且容易掌握。

1. 助跑

助跑时前段要跑直线，后段即最后的三、四步要跑弧线。在离近侧跳高架的立柱 1 米、离横杆垂直向下投影点 50~80 厘米处，用远离横杆的腿起跳。助跑 6~8 步或 10~12 步即可。要注意横杆与连接起跑点和起跳点的线呈大约 70 度夹角，弧线半径约为 5 米。

助跑前段应快速跑。因后段跑弧线，所以身体倾向圆心，且速度越快倾斜幅度越大，最后由前脚掌沿弧线落地。这样跑的好处是重心高、速度快，落地更积极，有利于稳定水平速度，使起跳动作快速有力。加之是弧线助跑，起跳时身体侧对横杆，容易转体。助跑要求快、准、稳。跑时要注意高抬膝关节，最后一步要比倒数第二步短 10~20 厘米。先确定起跳点，从起跳点平行于横杆向靠近自己一方的跳高架方向自然走五步后右转 90 度向前自然走六步画一标志点，再向前走七步画起跑点。标志点和起跳点之间的半径约为 5 米的弧线即最后四步的助跑弧线。

2. 起跳

起跳就是使身体腾空。一般有起跳、脚着地缓冲和踏伸三个部分。背越式跳高一般从距离横杆垂直面约 60~100 厘米的地方起跳。起跳时先蹬伸弯曲的腿同时向前上方屈膝摆动，用髋发力带动大腿摆动，小腿由于惯性与其折叠（即屈腿摆动），而当膝部摆动到水平时应立即停止，顺惯性继续上摆从而带动同侧骨上摆。与此同时要上提肩部，单臂交叉或两臂同时向横杆后上方摆出，以利于身体腾空并沿额状轴旋转。要注意起跳时腿的髋、膝、踝关节必须充分伸直，且身体也应尽量垂直于地面，使骨盆先于肩腾起。

3. 过杆和落地

在起跳腾空过程中，身体转向背对横杆，重心升向最高点时，摆动腿一侧的髋关节放松并展开，膝放松、腿自然下放，并向后仰头，肩过杆后下沉，髋部充分展开并上顶，使身体呈反弓形，此刻肩部位置低于髋部，背与横杆成正或斜交叉状态。借助反弓形的"反弹"作用，把未过杆的两腿上举，以肩背落在跳高垫上。

（二）跳高的技术训练方法

跳高的技术训练在教练员和运动员的不断摸索下已成为一套具有独特风格的完善体系，其训练方法具体如下。

1. 助跑训练

助跑训练一般采用走步丈量助跑弧线法：先确定起跳点，从该点向助跑一侧平行于横杆的方向自然走 5 步，然后向助跑起点方向自然走 6 步，并做一个标志，这点是直、弧段交会处，再继续向前走 7 步做一标志是起点。由直、弧交界点向起点画一"抛物线"即四步助跑弧线。直段跑 4 步，全程共 8 步。

2. 助跑起跳训练

（1）助跑与起跳的节奏一致性训练。背越式跳高起跳节奏的独特性，能使助跑速度发挥到最大。但同时会对协调助跑与起跳节奏产生要求。常见的练习方式有助跑触高、助跑跳上高架以及中、全程助跑跳皮筋等。

（2）控制腾起方向的训练。在垂直踏地的瞬间，充分高摆双臂并迅速向上摆腿，呈圆柱体垂直向上腾起。可通过助跑手、助跑跳上高架、助跑起跳抓高杠等方法练习。

3. 助跑起跳过杆训练

（1）过杆技术训练。原地背越过杆的训练方法有，背对海绵包站于高台起跳过杆来感觉在空中挺髋、展体、过杆时肌肉的变化或中程助跑跳上万能架。其中，日常训练中可以常做挺髋、垫上仰卧成桥，后手翻以及后空翻等来体会背弓、挺髋动作。

（2）全程助跑过杆技术训练。全程助跑过杆技术要系统进行训练，逐渐增量，训练要综合全程过杆和短程过杆，同时适当安排助跑摸高、助跑跳上高架等其他练习方法。

（3）大强度技术训练。在掌握正确技术的前提下，只有连续不断地进行大强度过杆练习，才能使运动员熟记动作，提高效率。

二、跳远类项目训练方法

（一）跳远的技术动作

跳远由助跑、起跳、腾空和落地四个环节组成。助跑和起跳环节是跳远技术的关键。

1. 助跑

助跑的距离：男子为 40 米左右（18～24 步），女子为 35 米左右（16～21 步）。助跑由启动、加速跑、高速跑、准备起跳组成。

（1）启动：两腿微屈，两脚左右平行或前后站立于起跑标志点上，躯干前倾。当身体重心前移时，开始蹬地、摆臂、摆腿向前跑。

（2）加速跑：启动后，在逐渐增大步长的情况下加快步频，身体前倾较小，蹬地、抬腿、摆臂的用力程度逐渐加大，动作放松自然。

（3）高速跑：一般为助跑的最后 8 步，跑时后蹬充分，大腿高抬，躯干正直，两臂摆幅大而有力，步幅大，动作协调，身体重心移动平稳。

（4）准备起跳：助跑的最后两步，倒数第二步时，步幅稍大，身体重心略有降低，最后一步步长较上一步稍短（约 30 厘米），身体重心略有升高。为缩短腾空时间，起跳腿应抬得稍低些，以利于快速前伸小腿，用足跟触板。

2. 起跳

（1）起跳放脚：助跑最后一步，起跳大腿前摆时应抬得略低一些，积极下压，在腿接近伸直的情况下快速上板；先以足跟触板，然后滚动至全脚掌。此时，躯干与地面保持垂直，摆动腿积极折叠，大、小腿加速向前摆动，两臂协调配合。着地角度约65度～70度，以尽量减小制动力，为缓冲蹬伸做好准备。

（2）起跳缓冲：起跳脚全脚掌着地后，快速屈膝、屈踝进行缓冲。在两臂配合下，摆动腿向起跳腿靠拢，髋部迅速前移，在身体重心投影点与着地点重合时结束缓冲。

（3）起跳蹬伸技术：缓冲结束后，起跳腿迅速伸髋、伸膝、伸踝直到足尖蹬离地面，同时，配合快而有力的提肩、拔腰、挺胸、抬头、摆臂、摆腿等动作起跳。离地时，起跳腿同侧臂向前上方摆出，异侧臂向后侧摆，摆动腿向前上方摆出，异侧腿向后摆，形成腾空开始动作。

3. 腾空

腾空是起跳后，人体在空中的飞行阶段。在该阶段，人体在空中应尽可能保持平衡，以尽可能推迟落地时间，为伸腿落地创造有利条件。腾空初期，身体保持跨步姿势，形成"腾空步"，然后以适合的腾空姿势在空中飞行并落入沙坑。腾空姿势一般有蹲踞式、挺身式和走步式。

（1）蹲踞式：起跳形成腾空步后，上体正直，摆动腿继续抬高，两臂向前挥摆，起跳腿向前摆举与摆动腿靠拢，在空中形成蹲踞姿势。落地时，两臂由前向下后摆，同时上体前倾，前伸小腿落地。

（2）挺身式：起跳形成腾空步后，摆动腿下放，向下、向后摆动与起跳腿靠拢，使髋关节伸直，臀部前移，胸、腰稍向前挺出。同时，两臂向上、向后上方摆振，继而从上至下至后做弧形摆动，收腹，摆腿，前伸小腿准备落地。

（3）走步式：形成腾空步后，继续在空中做大幅度的迈步，两臂配合两腿动作，以肩为轴，做协调的大幅度绕环、摆动，以维持身体平衡，然后双腿前伸准备落地。

4. 落地

着地前，上体不宜过于前倾，以免引起前旋，收腹、举腿，膝关节主动向胸部贴近。即将着地时，膝关节迅速伸直，使小腿前伸，在两臂的配合下，以足跟先接触沙面，双脚触沙后，立即屈膝，骨盆前移，两臂前伸，使身体重心迅速移过落点，并向前或侧倒，避免后坐。

(二) 跳远的技术训练方法

跳远的技术训练重心应放在完整技术训练上，并辅以分解训练并且要明确训练目的，集中在运动员体力充沛的时候进行，要注意集中进行技术改进。

1. 助跑训练

（1）全程助跑训练。此项训练是助跑练习中的基础，需要运动员通过持续大力度的练习，慢慢琢磨助跑速度、步长等的变化，做到精准把握助跑技术。训练时要结合起跳，训练的关键是在助跑的末几步不减速的前提下踏板起跳。记住要在运动员体力充沛的时候进行助跑训练，只有助跑和起跳相结合才能使训练效果达到最好。但同时要注意练习适量，保证质量才是重点。

（2）加速跑训练。此项训练是以训练跑步节奏为主。在60～80米慢慢加速，到了最终的20米，步子要迈到最大，速度也要加到最快。记住节奏要快但动作要轻松自在，切忌明显缩短步长。

（3）间隔跑训练。此项训练主要是以发展助跑节奏为主。要结合运动员的步长，用海绵块之类的材料在跑道上放 20～25 个间隔适当的标记（40～55 米），且两个标记间的距离是先依次增加，然后保持，后面的 6～8 个间距要依次稍稍减短。间隔跑训练也可在助跑道进行。同时可通过跑的专门练习、跨栏练习、短程助跑的跳远练习等来练习助跑节奏。

2. 起跳训练

（1）短程助跑起跳用头或手触高悬物训练。此项训练主要作用是锻炼运动员起跳时挺胸收腹、提肩、顶头的动作，使其加大起跳力量，从而提高腾起高度。助跑 4～6 步起跳，然后用手或头触距起跳点约 3 米远、2.20 米（用头触）至 2.80 米（用手触）高的悬物。该训练要求运动员在完成起跳的同时，在腾空步过程中上体充分伸展并挺直。

（2）短程助跑起跳越过障碍训练。助跑 4～6 步起跳，保持腾空步姿势越过距起跳点约 3 米远、50～70 厘米高的障碍。助跑也可延长至 8～10 步。

（3）加高起跳点起跳训练。此项训练主要作用是使运动员在助跑末步快速置摆身体姿态，迅速前移重心。助跑 4～10 步，在高 10～20 厘米、用坚固材料制成的台上起跳。

（4）短、中、全程助跑结合起跳训练。起跳的助跑距离不一，能完美结合助跑与起跳以及在水平速度不一的情况下正确完成起跳动作的能力是该训练的核心。

3. 腾空训练

（1）模仿训练。抓准动作时机，协调全身是空中动作的关键。可采用原地、走动中、支撑或悬垂的腾空动作模仿练习，该训练有助于形成正确的动作概念，迅速熟悉动作。

（2）腾空步技术训练。腾空步是腾空姿势的开头，对腾空技术动作和起跳质量有着重大影响。此项技术既可在完整技术中注意改进，也可结合起跳动作进行训练。

（3）用弹板起跳的腾空技术训练。利用此种方法可使腾空高度提高、腾空时间延长，从而为腾空动作的完成争取更多的时间。

（4）从高处起跳的腾空技术训练。在跳箱上跑 1～2 步起跳，目的、作用和要求同用弹板起跳的腾空技术训练。

第三节　投掷类项目训练方法

投掷项目的完整技术是由握器械、助跑、最后用力和器械出手后的平衡四个部分组成。合理的投掷技术都应符合力学原理，投出器械的远度是由器械的出手角度、出手速度、出手高度和空气动力学因素决定的。

一、推铅球类项目训练方法

（一）推铅球的技术动作

推铅球的完整技术是由握球、持球、预备姿势、滑步和最后用力几部分组成。

（1）握球

握球时（以右手为例），五指自然分开，将铅球放在食指、中指、无名指的指根处，拇指和小指扶在球的两侧。

（2）持球

握好球后，将球放在右肩锁骨窝处，紧贴颈部，掌心向前，肘部抬起略高于肩，上臂与身体约成45度夹角。

（3）预备姿势

侧面：持球后，身体在左侧正对推球方向，两脚左右开立比肩稍宽，左脚尖与右脚弓在同一直线上。右腿弯曲，上体向右倾斜，重心落在右腿上。左腿伸直，左臂微屈于头前上方，眼看右斜下方。

背向：持球后，背对持球方向，两脚前后开立，右脚尖抵住投掷圈内眼，脚跟正对推球方向。重心落在右脚上，上体正直放松，右臂肘部低于肩，左臂自然上举，左腿稍屈用脚尖内侧点地，距右脚跟20～30厘米，眼看前方。

（4）滑步

侧向滑步：从侧向预备姿势开始，左腿预摆，在最后一次预摆的同时，右腿弯曲，降低身体重心。当左腿回摆到靠近右腿时，左大腿带动小腿向推球方向摆出，同时右腿发力蹬地，用摆腿蹬地的力量带动髋部向前移动。右腿充分蹬伸后迅速收小腿，前脚掌沿地面滑行至投掷圈中心附近，同时左腿积极以前脚掌内侧着地，完成滑步动作。

背向滑步：从背向预备姿势开始，预摆一两次，左腿向后上方摆起，上体自然前俯，左臂自然伸于胸前，然后左腿回收，同时右腿弯曲，上体前俯，当左腿回收靠近右膝时呈团身姿势，身体重心略向后移，同时右腿用力蹬伸，使身体重心向推球方向移动。当右腿蹬直时，迅速收小腿，同时右膝、右脚边收边向左转，右脚掌沿地面滑行至投影圈中心附近，左脚积极迅速用前脚掌内侧着地，完成滑步动作。

（5）最后用力

滑步动作即将结束时左脚一触及地面，右脚便开始蹬地从右髋部向左转发力，然后扩大到全身用力。用力顺序是：右腿迅速蹬地，脚跟提起，右膝向内转，右髋部边转边向前送，上体逐渐抬起向推球方向转动，当身体的左侧移至与地面垂直的一刹那左肩固定，右腿迅速蹬直，以身体左侧形成支撑轴。上体和头部向推球方向转动，右肩向前送出，挺胸抬头，右臂积极快速做推球动作，用手腕和手指的力量，将球从肩前上方沿50度抛射角推拨出去。最后用力的顺序可以归纳为：蹬、转、送、撑、挺、推、拨。

（二）推铅球的具体训练方法

1．原地推铅球练习法

（1）正对推铅球方向，两脚左右开立，只用手臂、手腕、手指力量向前推、拨球，可以用轻重量铅球或实心球体会技术动作。

（2）与上一练习相同，两腿弯曲后蹬伸，向前上方推球。

（3）徒手做侧向、背向原地推铅球的模仿练习，要求动作连贯、迅速。

（4）持轻器械或实心球做原地侧向或背向推铅球练习。

2．滑步的训练方法

（1）手扶肋木（体育运动器材）或其他物体，做好侧向或背向的预备姿势后，左腿摆动，右腿蹬伸，左腿再回摆成原来的姿势，反复练习。

（2）与上一练习相同，左腿摆出的同时用力蹬伸，髋部向前移，左脚内侧脚掌落地。

（3）徒手做好侧向或背向预备姿势，按口令预摆1～2次后，向推球方向连续滑步。

（4）持球左侧向或背向预备滑步练习，滑步结束时仍保持超越器械的姿势。

3．最后用力的训练方法

（1）徒手做侧向或背向推球动作。

（2）投掷圈外做侧向或背向滑步轻推铅球，并逐渐加快动作和出手速度。

（3）投掷圈内做侧向或背向滑步推铅球。

二、掷铁饼类项目的训练方法

（一）掷铁饼的技术动作

掷铁饼的技术动作要在直径2.50米的圆圈内完成，其动作形式是：背对投掷方向站立，经过向后旋转的移动，把身体转向投掷铁饼的方向将饼掷出。掷铁饼的完整技术动作包括握法、预备姿势和预摆、旋转、最后用力掷出铁饼后身体的平衡四部分。

（1）握法

掷铁饼项目的握法（以后各部分技术分析均以右手为例）为五指自然分开，拇指和手掌自然贴于饼面，以四指的最末端指节扣住铁饼边缘，肩臂放松，手腕微屈，使铁饼的上缘靠于小臂，铁饼的中心垂线在食指和中指之间。

（2）预备姿势和预摆

①预备姿势：在圈内后缘处，背对投掷方向，两脚左右开立于中线两侧，两脚齐平或左脚略后，间隔大于一肩之宽度。

②预摆：预摆是为了使摆脱铁饼摆脱静止状态，增强持饼臂和手对铁饼的肌肉感。预摆结束时身体扭转拉紧，为顺利进入旋转创造有利条件，通常摆饼的方法有两种：

第一，左上右后摆饼法。持饼在体侧前后轻微摆动，摆至体后时体重移向左腿，上体稍向左扭转，左手在饼下托着以防脱落。回摆时，以身体带动铁饼摆至身右后方最大限度的部位，身体向右扭转稍前倾，两腿微屈于胸前，两眼平视。这种方法多用于初学者。

第二，体前左右摆饼法。铁饼摆至身体上方时约与肩平，为防止铁饼脱落，手掌翻转为手心向上，右肩略低。铁饼摆至右后方时，高度约与肩平，其他方法与左上右摆饼法相同。这种方法动作较放松，幅度大，采用的人数也较多。

不论哪一种方法，在预摆的最后，都要将身体扭转拉紧，使投掷臂与肩轴形成一定的水平拉引角度，与髋轴形成一定的扭转角度，预摆一般1～2次即可。

（3）旋转

旋转是掷铁饼完整技术动作中最复杂的部分，动作形式是由投掷圈后缘向后旋转并向投掷圈前移动。其动作过程是：单脚支撑—腾空—双脚支撑。

①单脚支撑：右脚以前脚掌着地于圆圈中心处，弯曲的右腿负担着体重。这时最重要的是右脚要继续转动，不能停顿，脚腕和膝部不得颤动和摆动。左肩处于右肩的上方，右臂在胸前微屈。上体稍前、收腹，随着身体以右侧为轴的转动，左腿屈膝靠近右膝，迅速向身体后面摆插，做迅速着地动作。

②腾空：随着身体的转动，右腿蹬离地面使身体腾空，右腿带动右髋向内转扣，这

时身体是在转动中向前移动，右脚向圆圈中心处着地。

③双脚支撑：在右脚以前脚掌为轴的转动中，左脚迅速向身后摆插，右脚外展，以内侧有力的脚蹬地于圆圈中心的左侧，两脚之间不少于一肩半的宽度，形成有力而稳固的支撑，右腿弯曲负担体重，这时腰部已充分扭紧，髋轴超越肩轴，铁饼处于身体的后方，左臂微屈自然上摆，形成最后用力的有利姿势。

（4）最后用力

从旋转开始到铁饼出手，铁饼是加速运行的，在左脚着地时就已经开始了最后用力。当左脚着地时，右脚还在以前脚掌为支撑继续蹬转，使右髋积极向投掷方向转动和向前，髋轴更加超越肩轴，进一步加大了身体的扭转程度。在以上动作基础上，头向左转并抬起，左臂左肩向投掷方向牵引，左肘下降低于肩，上体以左侧为轴向左转动并向前，体重逐渐向左腿转移。上体以胸带臂带动铁饼以最大半径沿最大弧度向前快速挥摆。当铁饼挥摆到髋的右侧时，右腿还在转动并蹬伸，形成稳固有力的左侧支撑。挺胸抬头，身体右侧迅速向投掷方向转动，肩轴超过髋轴。当胸部转向投掷方向时，铁饼已挥摆至身体的右侧与肩同高处，这时左腿用力蹬伸，全身的力气通过投掷臂和手作用到铁饼上，使铁饼出手。铁饼的出手是由小指到食指依次用力拨饼，铁饼出手后产生顺时针的自转，可增加铁饼飞行中的稳定性。

铁饼出手后，为了防止身体由于向前的惯性冲出圈外，应迅速做交换两腿的动作。同时降低身体的重心，或继续旋转，改变身体运行方向，缓冲向前的冲力，维持身体的平衡。

（二）掷铁饼的具体训练方法

（1）参考掷铁饼技术动作要点，做握饼和摆饼练习。

（2）原地正面掷铁饼：两脚左右开立约一肩半宽，做身体前后摆饼，幅度要逐渐加大，最后一次要摆至身体后最大限度的部位，两腿微屈，回摆至体侧约与肩高时，两腿蹬地将铁饼掷出。

（3）原地侧向掷铁饼：身体左侧向投掷方向，两腿左右开立约一肩半宽，左脚略向后。当铁饼摆至体后最大限度部位时，上体略前俯扭转，右腿弯曲并负担体重，左臂自然微屈于胸前，然后按技术要领将铁饼掷出。

三、掷标枪类项目的训练方法

掷标枪，是一个比较复杂的多轴形旋转项目。掷标枪的完整技术，是由肩上经过一段预先助跑连接投掷步获得动量，通过爆发式的最后用力作用于标枪的纵轴上，将枪经肩上投出去。为了便于分析掷标枪的技术，下面将该技术分为握法、持枪、助跑、最后用力和出手后的身体平衡几个部分来介绍。

（一）掷标枪的技术动作

为了具体说明掷标枪的技术动作，下面将以右手投掷为例加以说明。

1. 握法

目前广泛采用的握枪方法是将标枪斜放在掌心上，大拇指和中指握在标枪把手末端第一圈上沿，食指自然弯曲斜握在标枪上，无名指和小指握在把手上。这种握法能利用中指的长度，加长投掷半径，使标枪获得较大的力。也可将拇指和食指握在标枪把手末端第一线圈上沿，其余手指按顺序握在把手上。

2．持枪

合理的持枪方法应做到既不妨碍助跑动作，便于发挥助跑速度，又便于引枪和控制标枪的方向、位置和角度。目前大都采用的持枪方法是屈臂举枪于肩上，大小臂夹角约为90度，持枪手稍高于头，同时枪尖低于枪尾。

3．助跑

标枪助跑在技术上一般要求较高，既要完成引枪又要在投掷步中下肢超越上体，做好最后用力前的有利姿势。助跑分为两个阶段：

（1）预跑阶段：从第一标志线跑到第二标志线，这段距离为预跑阶段，长15～20米，跑8～12步。

预跑阶段主要是加速，跑时上体稍前倾，用前脚掌着地，后蹬力量强，动作轻快而富有弹性，持枪臂随着跑的节奏与左臂配合，自然前后摆动，在加速中进入投掷步。

（2）投掷步阶段：投掷步阶段是指从第二标志线到起掷弧线，要求在较高跑速中不停顿地过渡到最后用力的阶段。投掷步的基本形式有两种，即跳跃式投掷步和跑步式投掷步。一般多采用跳跃式投掷步，它有利于引枪和超越器械。投掷步的步数一般是五步或七步，有时也采用六步。下面主要介绍四步投掷和直接向后引枪的技术。

第一步：左脚踏上第二标志线，左脚积极前迈，同时，右肩后撤并向后引枪，左肩逐步向标枪靠近，左臂自然摆至胸前，髋正对投掷方向，持枪臂尚未伸直。

第二步：当右脚落地，左脚离地前开始第二步，左脚前迈时，髋稍向右转动，右肩继续后撤，完成引枪动作，右手接近于肩的高度，枪身与前臂夹角较小，枪尖靠近右眉。保证标枪纵轴和投掷方向一致。

第三步（交叉步）：交叉步是助跑过渡到最后用力的关键一步，这一步两腿加快向前运动，迅速超越上体和髋部。当左脚一落地，右腿膝关节自然弯曲，大腿带动小腿积极有力地向前摆出，右腿靠近左腿时，左腿快速有力地蹬伸，促使右腿加快前迈。由于两腿快速蹬摆，使下肢得以迅速向前，形成良好的超越器械，此时髋轴转向投掷方向，并与肩轴形成交叉状态，拉长了躯干肌肉。左臂自然摆至胸前帮助左肩向右转，投掷臂充分伸直，枪尖低于头，右脚尖外转用脚跟先着地，然后过渡到全脚掌与投掷方向成55度～60度角。

第四步：在交叉步右脚尚未落地前，左腿就要积极前迈，右腿落地后，右膝下降，右小腿与地面构成较小的夹角，体重落在弯曲的右腿。右腿积极蹬地，加快髋部向水平方向移动，同时左腿用脚内侧或脚跟先着地，做出强有力的制动和支撑，保持下肢超越上肢的良好姿势，这样有利于完成最后用力动作。

五步投掷步一般是：第一步大，有利于引枪；第二步小，为过渡到后三步做准备；第三步大，有利于投掷步的加速和做出良好的超越准备；第四步小，便于转髋和做"满弓"；第五步大，将标枪用力投掷出去。

4．最后用力

投掷步第三步右脚着地后，由于惯性，髋部继续向前，在髋超越右腿支撑点之后，右脚开始最后用力。当左脚一着地，便形成从左脚到左肩的左侧支撑，为右腿继续蹬地转髋创造条件。右腿继续蹬地推动右髋加速向投掷方向运动，足髋轴超越肩轴，投掷臂向上转动，带动前臂，手腕向上翻转，形成"满弓"。此时投掷臂处于身后，由于向前的惯性和右腿蹬伸的力量，重心前移，体重移向左腿，左腿弯曲。当上体与躯干成一直线时，左脚做出迅速有力的收缩，带动上臂迅速向前做爆发性"鞭打"动作，使全身力量通过手臂手指将枪掷出，标枪出手的适宜角度为 30 度～35 度。但在不同风向的情况下，应适当改变出手角度。

5. 标枪出手后的身体平衡

标枪出手后，人体由于受惯性的作用，必然随着向前的惯性而继续向前运动。为了防止越线犯规，应及时向前跨出一步，身体稍向左转或身体稍前倾，降低身体重心，维持身体平衡。

(二) 掷标枪的具体训练方法

1. 原地掷枪训练方法

(1) 正面投掷实心球

(2) 正面上步投掷实心球

(3) 正面原地投掷标枪

面对投掷方向，上体微向右转，右手持枪于右肩上方，枪尖向前下方，左脚在前，体重落在弯曲的右腿上，以胸带动上臂向前上方稍远地方掷枪。

(4) 原地侧向掷枪

侧对投掷方向，重心落在右腿上，然后右腿用力蹬地转髋，以胸带动上臂将枪掷出。

2. 上两步或三步掷枪训练方法

①上两步结合做"满弓"练习。

②上两步或三步掷枪，动作要连贯。第二步稍跳起来，有利于超越器械和最后用力。第二步要控制好器械，使之平衡。枪尖与眼平齐。

3. 助跑掷枪训练方法

①学习引枪技术。

②学习持枪跑，结合引枪动作。

③中速助跑 6～8 步，过渡到引枪结合投掷步动作。

④全程助跑在投掷区掷枪练习。

第八章　时尚健身运动训练方法研究

第一节　瑜伽的训练方法

一、瑜伽概述

瑜伽一词源于梵文的音译，意思是结合、联合，这也是瑜伽的宗旨和目的。瑜伽起源于印度，是一种非常古老的运动训练方法，集哲学、科学和艺术于一身。

从广义上讲，瑜伽是哲学。从狭义上讲，瑜伽是一种精神和肉体结合的运动。瑜伽作为古老的运动训练方法，可以分为不同的体系，如哈塔瑜伽、语音冥想瑜伽、八分支法瑜伽等。

瑜伽讲究自然、平衡与协调，动作柔和缓慢，是一种安全、有效的塑身练习。瑜伽姿势包含伸展、力量、耐力和强化心肺功能的练习，能够伸展肌肉，灵活关节，增强身体的柔韧性，提高身体的平衡感，消除身体的过多脂肪，塑造优美的形体。瑜伽呼吸法的练习，能够改善呼吸系统、神经系统、内分泌系统的功能，增强人的身体素质和免疫力，消除疲劳，安定神经，减轻压力。

二、瑜伽基本坐姿的训练方法

（一）简易坐

直腿并腿坐在地上或垫子上，两腿向前伸直，弯起右小腿，把右脚放在左大腿之下，弯起左小腿，把左脚放在右大腿之下。把双手放在两膝之上，头、颈和躯干都应该保持在一条直线上，且毫无弯曲之处。

（二）半莲花坐

直腿并腿坐在地上或垫上，两腿向前伸直，弯起右小腿并让右脚脚板底顶紧左小腿内侧，弯起左小腿并把左脚放在右大腿上面。尽量使头、颈和躯干保持在一条直线上，以这个姿势坐着直至感到极不舒服，然后交换两腿的位置，继续再做下去。

（三）莲花坐

直腿并腿坐在地上或垫上，双手抓住左脚，将其放于右大腿上，脚跟放在肚脐区域下方，左脚底板朝天。双手抓住右脚，扳过左小腿上方，放在左大腿上，把右脚跟放在肚脐区域下方，右脚板底也朝天。脊柱要保持伸直，努力尝试保持两膝贴在地上。

（四）雷电坐

直腿并腿坐在地上或垫上，两膝跪地，两小腿胫骨和两脚的脚背平放地面，两脚靠拢。两个大脚趾互相交叉，两脚跟向外指，伸直背部，将臀部放落在两脚内侧、两个分离的脚跟之间。雷电坐有助于心灵的宁静平和，饭后5～10分钟练习有助于缓解胃部不适。

（五）吉祥坐

直腿并腿坐在地上或垫上，弯曲左小腿，左脚板顶住右大腿；弯曲右小腿，右脚放在左脚踝上；两手合十，手心空出，头、颈和躯干保持在一条直线上。该姿势除了会阴不被顶住之外，其他各方面完全和至善坐一样。

（六）至善坐

直腿并腿坐在地上或垫上，弯曲左小腿，左脚跟顶住会阴，左脚板底紧靠右大腿。屈右小腿，将右脚放于左脚踝之上。右脚跟靠紧耻骨，右脚板底放在左腿的大腿与小腿之间。背、颈、头部保持挺直。

三、瑜伽基础体位的训练方法

（一）站立体位法

1. 风吹树式

功效：舒展颈部、肩部、臂部、躯干和腿部肌肉。有利于促进肠道蠕动，消除便秘；有利于消除髋部脂肪；有利于改善体态，增强身体均衡性和灵活性。

做法：①站姿，双脚并拢，合掌胸前。吸气，双手向头顶高举，手臂轻轻夹住耳际，上身有往上延伸的感觉。②吐气，上身弯向左侧，与此同时，将髋部向右侧推移保持5次呼吸。③吸气，还原向上。吐气，再弯向右侧，将髋部向左侧推移，保持呼吸5次。

提示：脊椎病患者练习时须特别小心。患各类肠炎及近期做过开刀手术者不宜练习。

2. 鱼式

功效：鱼式使肠脏和其他内部器官得以伸展，对治疗一些腹部疾病非常有益。该动作也对滋养和加强内分泌腺体，放松骨盆关节，刺激胰脏，促进消化进程有积极作用。该姿势还有利于扩展胸腔，缓解咳嗽痉挛，促进深长、顺畅的呼吸。

做法：①把腿盘成莲花式平放于地面上，背贴地仰卧。②抬高颈项和胸腔，拱起背部。把头顶放在地面上。③用手抓住大脚趾，以便增强背部的拱弯程度。用鼻子做深呼吸，保持2分钟，然后放开脚趾。

3. 腰躯扭转式

功效：放松脊柱和背部肌肉，矫正和改善各种不良状态。有利于消除腰部脂肪，消除腰部、髋关节的僵硬，恢复其灵活性与柔软性。

做法：①站姿。双脚向外打开60～70厘米。吸气，双臂向两侧伸展与肩部保持水平线，手心向下。②吐气，腰部向左方向转动至自身极限，脚不动，右手搭在左肩上，左手放置后背，眼睛注视左后方，保持自然呼吸5次，相反方向重复练习3次。

4. 三角转动式

功效：增加脊柱区域的血液供应，滋养脊柱神经，强壮背部肌肉群，有利于缓解背部的疼痛。该动作还对扩张胸部（这对双肺有益）、按摩腹部器官、帮助减少腰围线上的脂肪有积极作用。

做法：①保持两膝伸直的同时，将右脚向右方转 90 度，左脚向右方转约 60 度。②呼气，双臂伸直，将上身躯干转向右方，让左手在右脚外缘碰触地板。右手臂向上伸展，与左手臂成一直线。双眼注视右手指尖，伸展双肩及肩胛骨。保持约 30 秒。③恢复时吸气，慢慢将双手、躯干、两脚转回各自原来的伸展状态，再转回基本站立式。

（二）平衡体位法

1. 树式

功效：改善、强化平衡感觉，提高集中力。有利于矫正脊柱弯曲，消除腰痛；也有利于强化肩部、腿部、脚踝肌肉。

做法：①站姿，双脚并拢，挺身直立，合掌胸前。吸气，身体重心放在左脚，脚趾施力压住地面，骨盆向左推移。提起右脚横置于左腿上，膝盖向外。双手同时向上伸展，高举至头顶。眼睛注视前方一固定点，保持自然呼吸 5 次。②吐气，双手慢慢还原至胸前。脚也同时放回地面。交替两侧重复练习 3 次。

2. 壮美式

功效：强化内脏，改善胃部功能。矫正脊椎和骨盆的异常，使体态匀称。有利于消除腿部赘肉，使腿部曲线修长。

做法：①站姿，左膝向手弯曲，左手握住脚背。吸气，将右手伸直高举到头顶，眼睛注视前方，集中意识。②吐气，左手慢慢将左脚提高，保持片刻。③吸气，上身微微向前倾，放松后腰背部位，眼睛注视前方右手指，保持身体平衡，自然呼吸 5 次。④吐气，手脚放下还原站立，调整呼吸，换脚再进行练习，左右各做 3 次。

（三）跪姿体位法

以猫式为例。

功效：促进呼吸与甲状腺的新陈代谢。矫正背部，使脊柱恢复弹性。有利于丰满胸部，消除腹部与腰围多余脂肪。对女性月经不调、痛经、乳腺增生等有一定积极作用。

做法：①金刚坐姿，双掌置于膝盖上，伸直背部，调匀呼吸。②吸气，臀部离开脚跟，俯身向前，抬臀凹腰，脚背贴地面，手臂伸直，指尖对膝盖，下颌抬高，背部收紧，保持片刻。③吐气，手掌施力收腹，拱起背部，头部向下，下颌尽量抵住胸部锁骨处，动作静止，自然呼吸 5 次。④再次吸气，下颌向上抬，头部后仰，凹腰部，挺臀部。动作静止，自然呼吸 5 次。上、下各重复练习 3 次。还原金刚坐，调匀呼吸。

（四）坐姿体位法

以正面坐为例。

功效：促进手、臂、肩部血液循环，对腱鞘炎、坐骨神经痛、风湿症等有一定的积极作用。有利于矫正背部，健美胸部与肩部，改善体态。有利于舒缓颈部僵硬，治疗失眠和落枕等疾患。

做法：①坐姿，双膝弯曲，膝盖重叠，脚尖向后，脚背着地，手掌放在脚掌上，调匀呼吸。②吸气，左手肘弯曲，慢慢向右肩向背后下举，手掌贴在背后，右手由下方绕到背后，与左手交握，十指紧扣。上方的手肘尽量置于颈后，背部挺直，挺胸，眼望前方，自然呼吸5次。③吐气，手指松开，双手放下，恢复到做法①，放松，调匀呼吸。左右各重复练习3次。

提示：双腿交叠，膝盖不离开，上下对齐。如右脚在上，则右手也在上，反之亦如是。

（五）俯卧式体位法

以眼镜蛇式为例。

功效：促进甲状腺与肾上腺分泌，增强心脏，提高肺活量，舒缓身心，对记忆力衰退、肠胃功能、便秘、肾结石以及女性功能失调等的改善有一定积极作用。强化肩、颈、背部肌肉，增加脊椎弹性，具有健胸、收腹和美化背部的功效。

做法：①俯卧，双脚并拢，脚背着地，收下颌，额头触地，弯曲手肘，双手平放胸侧，调匀呼吸。②吸气，下颌慢慢抬高，头部向上后仰，上身同时慢慢离开地面（感觉是把脊椎一节一节向后弯曲，用腹肌力量而不是用臂力），肚脐与腹部着地，眼望前方。保持此姿势，自然呼吸5次。③继续吸气，双臂伸直，背部继续往后弯曲，头部尽量后仰，腹部仍然贴地，眼望上方，眼球可同时左右转动。意识集中在喉部、尾椎，同时收缩臀部，大腿放松。④吐气，上身按从骨盆、腰椎、胸椎、颈椎、下颌到额头的顺序慢慢还原到做法①。调匀呼吸，全身放松。重复练习3遍。

提示：眼镜蛇式是一种瑜伽体位法的代表性的姿势。练习时，不可用爆发力，尽量使身体处于舒适状态。初学者先行熟悉做法②后，才可练习做法③，以免身体超负荷。甲状腺机能亢奋者、结肠炎、胃溃疡和疝气患者不适宜练习该姿势。

（六）仰卧体位法

1. 船式

功效：增强腹肌力量，消除腹部赘肉，能使大腿修长、腰围变细。有利于防止内脏下垂，改善胃肠功能，消除便秘，强化背部。具有放松身体和关节的效果。船式仰卧体位法是一个全身性提高体能的练习。

做法：①仰卧，双脚并拢，双臂平放体侧。②吸气，同时将上身、双脚和双臂向上抬起，只有臀部着地，并以脊椎骨为支点，保持身体平衡。双手、双腿伸直，手指指向脚尖，保持此姿势，屏息约5秒。③吐气，慢慢将身体放回地面，调匀呼吸，全身放松。

提示：身体上抬时，要收缩腹部，并紧张全身的肌肉。如发生腿部痉挛，将脚踝用力蹬出，伸直脚跟韧带。

2. 仰卧放松功

功效：有利于放松肌肉、消除疲劳，使呼吸更协调、更充分，还可以帮助意识集中。

做法：①仰卧、轻轻闭上眼睛，双腿屈膝，脚掌置于臀部下，双手放置身体两侧。掌心向上，手指微曲，下颌微微引向胸部。②缓缓吸气，胸廓慢慢扩张，双肩放松，双膝向外打开，直到大腿内侧完全伸展，脚掌合并向下滑，两边分开约30厘米。③想象头顶、手指尖、尾椎、脚跟、脚尖向外延伸。④两手从地板上滑动到头上方，吸气，伸展双手带动身体坐起，再把上半身弯向双腿，伸展背部。

提示：在练习过程中，尽量避免睡着，保持清醒，注意力集中在呼吸上。初学者练习此式不要超过 10 分钟。

第二节　健美操的训练方法

一、健美操概述

健美操是融体操、舞蹈、音乐、健身、娱乐于一体，通过徒手或使用器械的身体练习，达到健身、健美和健心目的的一项体育项目。健美操深受广大群众的喜爱，具有广泛的群众基础，普及性极强。

我国现代健美操兴起于 20 世纪 70 年代末。1979 年以来，我国的北京、广州、上海等地相继出现了各种健美操培训班。部分健美操爱好者把我国的武术和民间舞蹈与欧洲的健美操融为一体，创造了具有中国特色的健美操。在以健身、娱乐为主要目的的健美操蓬勃发展的同时，以竞技为主要目的的竞技健美操也迅速发展。1986 年 4 月，广州举办了首届全国女子健美操邀请赛，开启了我国竞技健美操的新纪元。1987 年 5 月，北京举办了我国首届全国健美操邀请赛，这次比赛结合我国健美操比赛特点，进行了男子单人、女子单人、混双、3 人、6 人五个项目的比赛，盛况空前。从 1992 年起全国健美操邀请赛改名为全国健美操锦标赛，成为每年举办的固定赛事。

中国健美操协会成立于 1992 年 9 月，总部设在首都北京。1992 年、1995 年北京举办了两届全国健美操冠军赛。国际体操联合会于 1995 年 12 月在法国巴黎举办了首次世界健美操锦标赛，我国代表队参加了这次比赛，这也是我国健美操首次走出国门，迈出了历史性的第一步。此后，我国多次参加了世界健美操锦标赛。

二、健美操基本动作的训练方法

徒手体操动作是健身健美操最基本的动作，是根据人体解剖学特点划分的 7 个部位的动作，即头颈、肩、胸、腰、髋部和上肢、下肢动作，以及所采用的屈、伸、绕、摆等各种基础动作。健美操基本动作包括基本姿态动作、基本难度动作、基础动作三大部分。掌握健美操的基本动作是掌握其他动作的基础。

（一）手形

一般来说，健美操的手形大都借鉴于舞蹈动作，是由舞蹈动作演变而来的。健美操手形主要有掌和拳两种。

（1）掌：包括分开式、并拢式。

①分开式：五指用力分开，手腕保持一定的紧张程度。

②并拢式：五指并拢、伸直。

（2）拳：五指弯曲紧握，拇指在外，指关节弯曲，压在食指弯曲部位。

（二）头颈部动作

（1）屈：头颈关节角度的弯曲，包括前屈、后屈、左屈、右屈。

（2）转：头颈绕身体垂直轴的转动，包括左转、右转。

（3）绕和绕环：头以颈为轴做弧形和圆形运动，包括左、右绕和绕环。

要求：做各种头颈动作时，上体保持正直，速度要慢，头颈移动的方向要准确，颈部被动肌群充分伸展。

（三）肩部动作

（1）提肩：肩胛骨做向上的运动，包括单肩、双肩的同时提和依次提。

（2）沉肩：肩胛骨做向下的运动，包括单肩、双肩的同时沉和依次沉。

（3）绕肩：以肩关节为轴做小于360度的弧形运动，包括单肩向前、后绕，双肩同时或依次向前、后绕。

（4）肩绕环：以肩关节为轴做360度及360度以上的圆形运动，包括单肩向前、后绕环，双肩同时或依次向前，后绕环。

（5）振肩：固定上体，肩急速向前或向后摆动，包括双肩同时和依次向前、后振。

要求：提肩时尽力向上，沉肩时尽力向下，动作幅度大而有力；绕肩时上体固定，两臂放松，头颈不能前探；动作连贯，速度均匀，幅度大；振肩动作要有速度、力度和弹性。

（四）上肢动作

（1）举：以肩为轴，臂的活动范围不超过180度而停止在某一部位的动作，包括单臂和双臂的前、后、侧举以及中间方向的举。

（2）屈：肘关节产生一定的角度，包括胸前屈、胸前平屈、头后屈、肩侧屈、肩上侧屈、肩下侧屈、肩上前屈、腰间屈、背后屈等。

（3）摆：以肩关节为轴，带动手臂做钟摆式动作，包括单臂或双臂同时或依次向前、后、左、右摆。

（4）绕：双臂或单臂向内、外、前、后做180度～360度肩的弧形运动，包括单臂、双臂绕，同时或依次向同方向和不同方向绕。

（5）绕环：以肩关节为轴，单臂或双臂做360度的圆形运动，包括双臂或单臂做向前、向后、向内绕环。

（6）振：以肩为轴，手臂用力摆至最大幅度，包括侧举后振，上举后振、下举后振。

（7）旋：以肩或肘为轴做臂的内旋或外旋动作。

要求：做臂的举、屈伸时，肩下沉；做臂的摆动时，起与落要保持弧形；上体保持正直，位置准确，幅度要大，力达身体最远端。

（五）胸部动作

（1）含胸：两肩内合，低头，缩小胸腔。

（2）展胸：两肩外展，挺胸，扩大胸腔。

（3）移胸：髋部固定，做胸向左、向右的水平移动。

要求：练习时，收腹、立腰，动作达到最大极限。

（六）腰部动作

（1）屈：指下肢固定，上体沿矢状轴和水平轴运动，包括前、后、左、右的屈，可以结合手臂和腿的动作做各种练习。

（2）转：指下肢固定，上体沿垂直轴扭转，包括左、右转。

（3）绕和绕环：指下肢固定，上体沿垂直轴做弧形和圆形运动，包括左、右绕和绕环。

要求：练习时，身体远端尽力向外延伸，绕环幅度要大、充分而连贯，速度放慢；腰前屈，转时上体立直。

（七）髋部动作

（1）顶髋：髋关节向前、后、左、右水平移动。

（2）提髋：髋关节做急速向一侧上提的动作。包括左、右提髋。

（3）摆髋：髋关节做钟摆式的连续移动动作，包括左、右侧摆和前、后摆。

（4）绕髋和髋绕环：髋关节向左、右做360度以内的弧形、圆形移动，包括向左、右的绕和绕环。

要求：髋关节做顶、提、绕和绕环时应平稳、柔和、协调，稍带弹性，上体要放松。

（八）下肢动作

（1）滚动步：两脚交替做由前脚尖至全脚掌滚动落地的动作。

（2）交叉步：一脚向另一脚前或后交叉行进。

（3）跑跳步：两脚交替进行，跑后支撑阶段有一次跳的过程。

（4）并腿跳：双腿并拢，直膝或屈膝跳。

（5）侧摆腿跳：单腿跳起，同时另一腿向侧摆动。

要求：跳跃要轻松自如，有弹性，注意呼吸配合。

（九）基本站立

（1）立：

①直立：头颈、躯干和脚的纵轴保持在一条直线上。

②开立：两脚左右分开与肩同宽或宽于肩。

③提踵立：两脚跟提起，用前脚掌站立。

④点地立：一腿直立（重心在站立脚上），另一腿向各方向伸直，脚尖点地，包括侧点立、前点立、后点立。

（2）弓步：一腿向某方向迈出一步，膝关节弯曲成90度左右，膝部与脚尖垂直，另一腿伸直，包括左、右腿的前、侧、后弓步。

（3）跪立：大腿与小腿成直角的跪姿，包括双腿跪立、单腿跪立。

要求：站立时，头正直，上体保持挺直，沉肩、挺胸、收腹、收臀、立腰、立背、直膝；提踵立时，两腿内侧肌群用力收紧，提踵越高越好；弓步时，前弓步和侧弓步的重心在两腿之间，后弓步的重心在后腿。

（十）健美操规则规定的七个基本步伐

（1）踏步：屈膝上提大腿，小腿自然下垂，落地时用前脚掌过渡到全脚掌，两臂前后摆动，身体保持自然，两脚交替做踏地的动作。踏步包括脚尖不离地的踏步、脚离地的踏步、高抬腿的大幅度踏步。

要求：落地时，由脚尖过渡到脚跟看地；屈膝时，胯微收。两臂自然前后摆动。

（2）吸腿跳：屈膝抬起，大腿平行于地面，小腿垂直于地面，脚面绷直，跳起时，脚离地，身体保持自然，落地时由脚尖过渡到脚跟，两腿交替进行。

要求：大腿用力上提，小腿自然下垂。

（3）踢腿跳：一腿前踢，腿要高抬，膝盖伸直，收腹立腰。落地时还原到位，两腿交替进行。

要求：踢腿时，须加速用力，上体保持正直、立腰。

（4）后踢腿跳：两脚交替有短暂腾空过程（类似跑步），小腿向后屈，两手叉腰。

要求：髋和膝在一条线上，小腿叠于大腿。

（5）弹踢腿跳：动力腿屈膝后摆，两膝靠拢，膝关节、髋关节运动伸直要控制，然后换腿。

要求：大腿抬起至一定角度后，小腿自然伸直，膝关节稍有控制。

（6）开合跳：两腿跳起分开落地，髋部、脚尖朝外，膝关节在同方向弯曲，蹬地还原时，脚跟并拢，膝缓冲。

要求：分腿时，两腿自然外开。

（7）弓步跳：并腿跳起，落地时成前（侧、后）弓步，脚尖向前，身体稍前倾，立腰收腹。还原时屈膝缓冲。

要求：跳成弓步时，把握好身体重心。

三、健美操组合动作训练方法

（一）头部动作组合

在健美操运动中，头颈部是运动者机体最重要的身体部位，加强头颈部的训练不仅能减少脂肪的堆积，增强颈椎间韧带的弹性，还能提高头颈部的灵活性，促进头部的血液循环，预防运动伤害事故的发生。健美操的头部动作主要包括屈、转、绕、绕环。下面就重点讲解以上几个头部动作的组合练习。

1. 头颈转

两脚自然分开与肩同宽，两手叉腰，挺胸、收腹，成预备姿势，头沿垂直轴向左（右）转 90 度。

第一个 8 拍：

1～2 拍头向左转，目视左方。

3～4 拍同 1～2 拍，动作相同，方向相反。

5～8 拍同 1～4 拍。

第二、三、四个 8 拍同第一个 8 拍。

在做动作的过程中，头转动要慢，并有控制，不能太快、突然用力。

2．头颈前后屈

两脚自然分开与肩同宽，两手叉腰，挺胸、收腹成预备姿势。

第一个8拍：

1～2拍头前屈，下颌回收，低头向下看，前屈2次。

3～4拍头后屈，下颌朝上，头后仰。后屈2次。

5～6拍同1～2拍。

7～8拍同3～4拍。

第二、三、四个8拍同第一个8拍。

在做头颈前后屈的过程中，要注意动作随音乐节奏进行，不能过快或过慢。

上体要保持直立，动作速度要适当。

3．头颈左右屈

两脚自然分开与肩同宽，两手叉腰，挺胸、收腹、立腰成预备姿势。

第一个8拍：

1～2拍头向左侧屈（2次），耳朵尽量触肩，肩保持放松。

3～4拍头向右侧屈（2次），耳朵尽量触肩，肩保持放松。

5～6拍同1～2拍。

7～8拍同3～4拍。

第二、三、四个8拍同第一个8拍。

在做动作的过程中应该一拍一动，上体保持直立姿势，不得左、右移动。

（二）上肢动作组合

在健美操运动中，上肢是变化最多的部位。经常做上肢动作练习能有效地提高手臂力量。下面是上肢动作组合的基本方法。

预备姿势：直立，两臂自然下垂。

（1）1拍左脚向侧一步，同时两臂侧举，基本手型，掌心向下。

（2）2拍两臂经体前交叉绕至肩侧上方，握拳，拳心向内，同时吸右腿，膝向左转。

（3）3拍右腿后伸成左弓步，同时两臂上伸，撑掌，掌心向前。

（4）4拍向右转体90度成屈膝半蹲，同时两臂胸前屈交叉，手指触肩。

（5）5拍右腿踏直，高吸左腿，膝向右转，同时两臂侧举，基本手型，掌心向下。

（6）6拍向左转体90度成屈膝半蹲，低头，同时两臂头后屈，手指扶头后。

（7）7拍腿保持不动，同时抬头，两臂上举，撑掌，掌心向前。

（8）8拍两腿伸直，同时两臂侧举，撑掌，掌心向前。

第三个八拍与第一个八拍动作相同；第二、四个八拍与第一个八拍动作相同，方向相反。

（三）步伐组合

1．第一个八拍

步伐：1～4拍，以左脚的V字步开始；5～8拍，V字步向后，节奏是7嗒8。

手臂：1～2拍，左右两臂依次经前至侧上举；3拍，两臂收至胸前；4拍，还原；

5～6拍，自然摆臂；7～8拍，两臂由背后打开至体侧。

手型：1～2拍，五指并拢，掌心向前；3拍，五指并拢；7～8拍，五指分开，掌心向前。

面向：1点方向。

2．第二个八拍

步伐：1～4拍，右脚上步吸腿；5～8拍，同1～4拍，方向相反。

手臂：1～4拍，直臂，经前、后、前摆至还原；5～8拍，同1～4拍。

手型：1～4拍，握拳，拳心向下还原；5～8拍同1～4拍。

面向：1点方向

3．第三个八拍

步伐：1～4拍，右脚开始向侧并步；5～8拍，同1～4拍，方向相反。

手臂：1～4拍，直臂从下经上绕环一周；5～8拍，同1～4拍。

手型：五指并拢。

面向：1点方向。

4．第四个八拍

步伐：1～4拍，从右脚侧交叉步开始；5～8拍，右脚开始做转体交叉步。

手臂：1～4拍，直臂经上至体侧；5～8拍，自然摆臂。

手型：1～4拍，五指分开；4拍，还原；5～8拍，自然握拳。

面向：1点方向。

第三节　街舞的训练方法

一、街舞概述

街舞又叫特色健美操。街舞起源于美国，流行于世界，20世纪90年代传入中国后很快便风靡全国。街舞不仅是提高协调能力、培养表现力的重要手段，同时也因难度不大、强度适中，有很好的健身价值而受到人们的喜爱，成为一种非常时尚的健身方式。以年代、动作或音乐类型来作区分，街舞可以分为守旧派和新流派两大类，前一类舞蹈又包含锁舞、机械舞、霹雳舞和电流舞等不同风格的舞蹈样式。街舞起源于美国街头舞者的即兴舞蹈动作，而这些流行的街舞多半发源自美国纽约的布鲁克林区，住在这一区的人都在街上娱乐、跳舞，自然而然形成各种派系，也很自然地在他们所跳的舞蹈上发展出不一样的风格。

早期守旧派的音乐具有非常快的节拍，以匹配这些霹雳舞的动作。而后随着街舞音乐的演进出现了音乐节拍比较慢的新流派风格，人们发现如果在这种慢板的街舞音乐中做"风车"或"摆腿"之类的动作，会觉得一点爆发力都没有，甚至失去美感。这时人们开始了解新流派，于是守旧派与新流派的舞蹈就开始分家了。早期也就是20世纪80年代的新流派街舞的舞步非常简单，只有"滑步"等简单的动作。

在20世纪90年代初期，出现了一些舞蹈团体，他们发展出一种新风格的舞蹈，这种新风格的舞蹈动作中没有早期那种很大动作或大范围式的移动，更没有霹雳舞中那些在地上类似体操的动作。它独有的风格在于注重身体的协调性，重视身体上半身的律动，并增加了许多手部动作。这种新风格的舞蹈伴随着流行歌星的音乐短片开始在全世界慢慢流行开来。街舞发展至今，取材的范围越来越广，所以在各个国家所表现出来的风格也会有些差异。这股街舞潮流早已风行世界，影响日益扩大。

二、街舞基本技术要领

（一）弹动

在街舞中，最基本的动作就是身体的弹动。这个过程是通过膝关节的弹动、踝关节的保护和颈关节的屈伸来实现的。在街舞的动作中，每一个动作都包含了两个以上的关节配合动作，其中首要的动作就是身体的弹动，然后才是其他的配合动作，例如，街舞的原地踏步练习，首先是膝关节的弹动，有了弹动的感觉后，再配合其他不拘一格的身体动作（如甩头、摆手等），就构成了原地踏步动作。当舞者能够随心所欲地做到身体弹动时，接下来就要增大动作幅度，使身体的每一个部位都有弹动的感觉，这时舞者的动作就会松弛而自然，节奏感强烈而韵味十足。

（二）缓冲

街舞的缓冲技术主要表现在膝关节的弹动、踝关节的缓冲和颈关节的屈伸三个方面。该技术与动作可以使舞者把握街舞的动作特色。在街舞的练习中，膝关节几乎很少伸直，多数是在微曲或弹动的状态下完成动作的。

（三）控制力

街舞属于技巧性较高的运动项目，要求舞者具有较高的力量、柔韧性和协调性，特别是良好的肢体自我控制力。在街舞动作中，同样的一个动作，力度和侧重点不一样，表现出来的效果也不一样。在有的动作中，当需要体现上肢的爆发力时，手臂肌肉力量就要加强；当需要体现腿部动作时，就要有侧重地控制腿部肌肉，让腿部的力量达到要求。

（四）重心转换技术

街舞在重心的移动技术方面主要表现在动作方向的变化上，通过前、后、左、右的移动，使身体运动的路线发生丰富的变化。街舞的重心转换技术主要靠左右脚支撑的变化来实现，可以说除了上肢和躯干的动作之外，重心转换的技术动作占据了街舞动作中很大的比例，它使街舞动作具有律动感和技巧性，从而展现了街舞的基本特色。

三、街舞基本动作的训练方法

（一）基本步伐

1. 踏步

右腿屈膝抬脚，上体收腹向下压。

2. 侧向踏步

右腿屈膝抬脚，上体收腹向下压，向右侧落右腿，同时上体展腹抬起。

3. 侧滑步

右腿向右侧跃出一步，双臂自然打开，同时左腿向右跟步侧滑；左腿原地踏步一次；换腿重复上述动作，回到起点。

4. 交叉步

右腿向右侧踏步一次，左腿踏步落在右腿后侧；右腿继续向右侧踏步一次，提左膝，同时前压上体，然后并步落地。换腿换方向重复上述动作。

5. 开合步

双腿向外跳成分腿屈膝，然后向内跳成合腿。

6. 前侧点步

右脚前点，同时双臂体前直臂交叉；右脚侧点，同时双臂向侧打开。

（二）肢体

1. 腿转

右腿以脚跟为轴，前脚掌向右侧转动，左脚以脚尖为轴脚跟向左侧转动；两脚转动还原成全脚着地；左脚以脚跟为轴向左侧转动，右脚以脚尖为轴右侧动。

2. 头转

甩头转，注意要用手和脚去旋转。

3. 单臂分腿转

该动作要求身体整个做完整的旋转，旋转动作的完成依靠手臂，一手做圆形的动作而不运用身体的力量，另一只手再做同样的动作。

4. 扣膝转踝

右腿向右侧一步，膝关节向外转，脚跟顶起向内转动，同时右前臂外旋；右脚跟向外转动，膝向内扣，同时右前臂内旋。

5. 倒立手转

用一只手倒立，尽可能地旋转直到脚着地为止。

6. 波浪

由下到上的波浪：以膝开始，经过髋、躯干直到胸部。

四、街舞组合动作的训练方法

（一）街舞初级组合

第一个八拍：

（1）步伐：1～2拍右脚前点，挺胸；3～4拍左脚前点，挺胸；5～6拍，挺胸两次；7～8拍上体下压绕环。

（2）手臂：1～2拍直臂下压；3～4拍屈前臂；5～6拍放松下垂；7～8拍扶大腿支撑。

（3）手型：1～4拍五指分开，屈腕；5～8拍五指分开。

（4）面向：1～4拍1点；5～6拍2点；7～8拍8点。

第二个八拍：

（1）步伐：1～2拍右腿后交叉双膝同时屈；3～4拍左腿后交叉双膝同时屈；5～8拍屈膝弹动同时转体4次。

（2）手臂：1～4拍直臂放于体侧，随身体摆动；5～8拍直臂左右抬起。

（3）手型：1～4拍放松打开；5～8拍半握拳。

（4）面向：1～2拍，5～7拍2点；3～4拍，6～8拍8点。

第三个八拍：

（1）步伐：1～2拍右膝内扣，身体左转；3～4拍反向；5拍提右膝；6拍提左膝；7～8拍后并腿。

（2）手臂：1～2拍右臂伸直向右展开；3～4拍左臂向左展开；5～8拍屈臂下压。

（3）手型：1～4拍半握拳；5～8拍五指分开下压。

（4）面向：1～2拍8点；3～4拍2点；5～8拍1点。

第四个八拍：

（1）步伐：1～2拍迈左腿并右腿；3～4拍迈右腿并左腿；5～6拍左侧身体波浪，7～8拍右侧身体波浪。

（2）手臂：1～4拍直臂左右摆动；5～8拍屈前臂随身体内收外展。

（3）手型：1～4拍五指分开；5～8拍半握拳。

（4）面向：1点。

（二）街舞中级组合

第一个八拍：

（1）步伐：1拍"哒"分腿；2～4拍分腿屈膝；5拍直腿抬右腿；6拍直腿抬左腿；7～8拍分腿屈膝向前跳。

（2）手臂：1拍扶右大腿，"哒"拍扶左大腿；2～4拍双臂屈扶大腿；5～6拍左臂直臂后绕；7～8拍自然下垂。

（3）手型：五指分开。

（4）躯干：3～4拍身体做波浪。

（5）面向：1点。

第二个八拍：

（1）步伐：1～2拍右踝内收两次；3～4拍左膝放、抬、放；5拍上右腿；6拍"哒"左膝外展内收；7～8拍屈膝弹动。

（2）手臂：1～2拍双臂下垂；3～4拍屈臂伸、屈、伸；5～6拍自然下垂；7～8拍双臂放头后。

（3）手型：五指分开。

（4）面向：1～5拍1点；6拍8点；8拍5点。

第三个八拍：

（1）步伐：1拍出右腿；2拍收右腿；3～4拍左转90度。同1～2拍，5拍上左腿，6拍上右腿，7拍跳步双腿后撤，8拍分腿左转。

（2）手臂：1、3拍双臂侧下压；2、4拍放体侧；5拍自然摆动；6拍双臂前伸；7拍双臂后伸；8拍屈臂。

（3）手型：五指分开。

（4）面向：1 拍 7 点；2 拍 5 点；3～7 拍 3 点；8 拍 7 点。

第四个八拍：

（1）步伐：1～2 拍侧恰恰步；3～4 拍收右腿并左腿；5～6 拍并腿左转镜；7 拍右弓步；8 拍左弓步。

（2）手臂：1 拍右前臂绕环；2 拍右肩绕环；3 拍屈臂向上；4 拍屈臂后提；5～6 拍双臂屈臂；7 拍双臂右侧伸；8 拍双臂左侧伸。

（3）手型：五指分开。

（4）面向：1～4 拍 3 点；5～6 拍 5 点；7 拍 6 点；8 拍 4 点。

（三）街舞高级组合

第一个八拍：

（1）步伐：1～2 拍左右上两步，"哒"左后屈膝；3 拍左腿伸，"哒"吸压腿；4 拍伸左腿；5～6 拍左腿前迈并步；7～8 拍由下向上波浪。

（2）手臂：1～2 拍前后屈臂；3～4 拍自然下垂；5 拍双臂后拉；6～8 拍自然下垂。

（3）手型：五指分开。

（4）面向：1～3 拍 1 点；4～8 拍 8 点。

第二个八拍：

（1）步伐：1 拍左腿前伸屈腿蹲；2 拍并腿；3～4 拍左右膝外展；5～6 拍吸右腿前弓步；7 拍左膝侧后屈，"哒"左腿侧伸；8 拍并步。

（2）手臂：1 拍双手下压；2 拍双手 3 拍右臂打开；4 拍左臂打开；5 拍右手扶左大腿，"哒"左手扶右大腿；6 拍右臂侧伸；7 拍右手摸右脚，"哒"侧伸；8 拍屈臂。

（3）手型：五指分开。

（4）面向：1 点。

第三个八拍：

（1）步伐：1～2 拍左腿屈伸；3～4 拍左腿后撤；5～6 拍屈右左膝上步；7～8 拍吸腿后撤步。

（2）手臂：自然摆动。

（3）手型：五指分开。

（4）面向：1～2、8 拍 1 点；3～7 拍 8 点。

第四个八拍：

（1）步伐：1～2 拍并步；3～4 拍分腿屈膝；5～7 拍屈膝弹动；8 拍吸右腿。

（2）手臂：1～2 拍依次伸左右臂；3～4 拍双手依次拍右、左大腿；5 拍双臂右摆；6 拍双臂左摆；7～8 拍屈前臂左绕。

（3）手型：1～2 拍拳；3～4 拍五指分开；5～6 拍拳；7～8 拍五指分开。

（4）躯干：5 拍含胸；6 拍挺胸；7 拍右绕肩；8 拍左绕肩。

（5）面向：1 点。

五、练习街舞应注意的事项

第一，练习街舞前后，要做 10～15 分钟的准备和整理运动。热身时间不够或身体未得到足够的伸展，会影响跳街舞的状态和练习效果。

第二，街舞需要较高的协调性，最好先进行各种操化动作和舞蹈动作练习，具备一定基础后再练习街舞。

第三，街舞练习要有信心和耐心，敢于表现，循序渐进。不急于求成，一味追求新异动作。因此，要注意自己身体基本能力的改善，在不断提高街舞技艺的同时避免各种损伤的产生。

第四，服装随意、宽松，充分展现自我。跳街舞时最好穿平底休闲鞋或运动鞋。

第五，发生肌肉疲劳、局部出现疼痛不适、低血糖、眩晕、心率过快等情况，应立即停止练习，先休息片刻后再决定是否继续。

参考文献

[1] 常德庆，姜书慧，张磊．高校体育教学与运动训练研究［M］．长春：吉林出版集团股份有限公司，2020．

[2] 杨卓．现代运动训练内容分析与创新方法研究［M］．北京：中国商务出版社，2018．

[3] 顾长海．现代运动训练理论与实践研究［M］．上海：同济大学出版社，2018．

[4] 蒋国荣．田径运动教学与训练研究［M］．哈尔滨：哈尔滨出版社，2021．

[5] 谢宾，王新光，时春梅．高校体育教学与运动训练研究［M］．长春：吉林人民出版社，2021．

[6] 唐进松，陈芳芳，薛良磊．现代体育运动训练理论与方法探索［M］．北京：中国商务出版社，2019．

[7] 王旭瑞．健美操运动训练及创编教学探索［M］．西安：西北工业大学出版社，2020．

[8] 莫双瑗，莫双溪，谢宛妍．户外运动的教育价值及实践路径研究［M］．北京：中国商业出版社，2018．

[9] 鲁长春．高校田径教学与训练实践研究［M］．沈阳：沈阳出版社，2019．

[10] 陆霞．田径运动教学与训练［M］．长春：吉林出版集团股份有限公司，2020．

[11] 叶应满，王洪，韩学民．现代运动训练的理论分析与科学方法研究［M］．成都：电子科技大学出版社，2017．

[12] 胡安义．篮球运动理论与实践研究［M］．天津：天津科学技术出版社，2018．

[13] 冉勇．田径运动教学与训练实践研究［M］．长春：吉林人民出版社，2017．

[14] 秦伟．身体素质训练指导［M］．北京：九州出版社，2020．

[15] 赵琦．体能训练实用教程［M］．南京：东南大学出版社，2019．

[16] 李爱国．田径运动教学研究［M］．武汉：武汉大学出版社，2017．

[17] 盖文亮．实用体能训练理论与方法解析［M］．长春：吉林人民出版社，2020．

[18] 李东祁，张清雷，史明．网球运动技战术训练与发展研究［M］．北京：九州出版社，2018．

[19] 孙海勇．篮球教学创新与系统训练研究［M］．长春：吉林大学出版社，2019．

[20] 李欢．网球运动的教学与训练实践研究［M］．成都：电子科技大学出版社，2020．

[21] 刘杰．足球运动教学与训练探索［M］．北京：现代出版社，2019．

[22] 刘文学，李凤丽．排球运动训练与指导［M］．长春：吉林摄影出版社，2017．

[23] 张达成，骆繁荣．现代体育运动科学训练理论与方法探索［M］．北京：中国纺织出版社，2017．

[24] 郭道全．现代运动训练的主要特征与发展趋势研究［J］．体育风尚，2020（10）：84-85．

[25] 李纲，张斌彬，王晶．户外运动技巧——攀登篇［M］．青岛：中国海洋大学出版社，2019．

[26] 王来东，齐春燕．户外运动与拓展训练理论与方法［M］．北京：中国书籍出版

社，2021.

[27] 朱晓菱，倪伟. 体育健康与实践［M］. 上海：上海大学出版社，2021.

[28] 陈斐斐. 高校瑜伽健身指导研究［M］. 长春：吉林人民出版社，2020.

[29] 李江霞. 健身健美运动［M］. 天津：天津科学技术出版社，2020.

[30] 李华. 当前健美操运动技巧及教学研究［M］. 北京：中国商务出版社，2019.

[31] 潘政彬，刘大庆. 我国运动训练学理论体系发展历程、经验及展望［J］. 体育文化导刊，2022（6）：91－97.

[32] 陈超. 运动训练理论核心概念的界定及认知的深化［J］. 文体用品与科技，2022（18）：151－152.

[33] 胡亦海. 现代运动训练方法的演进及其启迪［J］. 中国体育教练员，2021（4）：3－8.

[34] 田质全，董峰，李东斌. 运动训练新理论与新方法研究［J］. 未来与发展，2022（5）：17－20.

[35] 陈笑然，李秀红. 运动训练方法的项间移植［J］. 中国体育教练员，2019（3）：19－24.

[36] 谢荣华. 我国运动训练理论发展趋势与创新研究［J］. 冰雪体育创新研究，2021（15）：191－192.

[37] 王文亮. 我国运动训练学理论体系的发展探究［J］. 辽宁经济职业技术学院. 辽宁经济管理干部学院学报，2021（3）：139－141.

[38] 赵军刚. 现代背景下运动训练方法的创新研究［J］. 健与美，2023（1）：132－134.

[39] 李洋. 现代背景下运动训练方法的创新与优选研究［J］. 体育风尚，2022（5）：110－112.